Scharf/Wolf · Fallstudien aus dynamischen Märkten

Andreas Scharf/Thomas Wolf (Hrsg.)

Fallstudien aus dynamischen Märkten

Telekommunikation –
Internetdienste –
Energiewirtschaft

Priv.-Doz. Dr. Andreas Scharf ist als geschäftsführender Gesellschafter des Instituts für Sensorikforschung und Innovationsberatung GmbH, Göttingen, insbesondere zuständig für die Bereiche Konzeptforschung und Produktforschung.
e-mail: Scharfisi@aol.com

Dr. Thomas Wolf leitet den Bereich Marketing und Produktmarketing bei der Materna Information&Communications in Dortmund für das Geschäftsfeld Communications.
e-mail: thomas.wolf@materna.de

Die Deutsche Bibliothek - CIP-Einheitsaufnahme
Ein Titeldatensatz für diese Publikation ist bei der Deutschen Bibliothek erhältlich.

Alle Rechte vorbehalten.

© Betriebswirtschaftlicher Verlag Dr. Th. Gabler GmbH, Wiesbaden 2000
Lektorat: Barbara Roscher / Jutta Hinrichsen

Der Gabler Verlag ist ein Unternehmen der Fachverlagsgruppe BertelsmannSpringer.

Das Werk einschließlich aller seiner Teile ist urheberrechtlich geschützt. Jede Verwertung außerhalb der engen Grenzen des Urheberrechtsgesetzes ist ohne Zustimmung des Verlages unzulässig und strafbar. Das gilt insbesondere für Vervielfältigungen, Übersetzungen, Mikroverfilmungen und die Einspeicherung und Verarbeitung in elektronischen Systemen.

http://www.gabler.de

Höchste inhaltliche und technische Qualität unserer Produkte ist unser Ziel. Bei der Produktion und Verbreitung unserer Bücher wollen wir die Umwelt schonen: Dieses Werk ist auf säurefreiem und chlorfrei gebleichtem Papier gedruckt. Die Einschweißfolie besteht aus Polyäthylen und damit aus organischen Grundstoffen, die weder bei der Herstellung noch bei der Verbrennung Schadstoffe freisetzen.

Die Wiedergabe von Gebrauchsnamen, Handelsnamen, Warenbezeichnungen usw. in diesem Werk berechtigt auch ohne besondere Kennzeichnung nicht zu der Annahme, daß solche Namen im Sinne der Warenzeichen- und Markenschutz-Gesetzgebung als frei zu betrachten wären und daher von jedermann benutzt werden dürften.

ISBN-13: 978-3-409-11633-6   e-ISBN-13: 978-3-322-82300-7
DOI: 10.1007/ 978-3-322-82300-7

Vorwort

Ziel der vorliegenden Fallstudiensammlung ist es, einen Beitrag zum praxisorientierten Transfer von Marketing-Know-how zu leisten. Dabei stehen Absatzmärkte im Mittelpunkt, die gegenwärtig durch einen grundlegenden Wandel bzw. durch eine rasante Weiterentwicklung gekennzeichnet sind, so daß der Schnittstelle zwischen dem angewandten Marketing in der Praxis einerseits und der gelehrten Marketingtheorie an den Hochschulen und Weiterbildungseinrichtungen andererseits eine besondere Bedeutung zukommt. Die vorliegende Sammlung aktueller Fallstudien aus den dynamischen Märkten „Telekommunikation", „Internetdienste" und „Energiewirtschaft" soll folglich einen Beitrag dazu leisten, die oft beklagte Lücke zwischen Marketingtheorie und Marketingpraxis zu schließen.

Die Fallstudien aus dynamischen Märkten richten sich insbesondere an zwei Zielgruppen: zum einen an Studierende, die ihr Marketingwissen auf praktische Marketingproblemstellungen attraktiver Branchen anwenden wollen, zum anderen an Praktiker aus diesen Branchen, die nach Anregungen bzw. Lösungsansätzen für ihre strategischen bzw. operativen Aufgaben suchen.

Um dem Leser die Bearbeitung der Fallstudien zu erleichtern und um den problemlosen Einsatz der Fallstudien in unterschiedlichen Lernsituationen zu ermöglichen, weisen alle Fälle eine einheitliche Struktur auf. Sie sind jeweils in fünf Abschnitte unterteilt:

Eine kurze Problemstellung dient als Einstieg in die Fallstudie. Das spezifische Marketingproblem des betrachteten Unternehmens wird skizziert. Auf diese Weise soll das Interesse des Lesers geweckt werden, sich mit der Thematik zu beschäftigen.

Die sich anschließende Situationsanalyse enthält eine gezielte Auswahl relevanter Informationen in verbaler, tabellarischer und graphischer Form. Diese Informationen benötigt der Leser, um das skizzierte Marketingproblem besser verstehen und Lösungsansätze selbständig herausarbeiten zu können.

Die zu jeder Fallstudie entwickelten Aufgaben geben dem Leser die nötige Unterstützung bei der Bearbeitung. Die klare Strukturierung der Aufgaben erleichtert es dem Leser, die relevanten Marketing-Entscheidungsprobleme zu erkennen und anhand der verfügbaren Informationen zu lösen.

Eine marketingtheoretische Einordnung der Fallstudie soll dem Leser als Orientierungshilfe dienen. Für den jeweiligen Fall wichtige Begriffe werden hier erläutert und relevante theoretische Zusammenhänge in der gebotenen Kürze erläutert. Die weiterführende Literatur liefert dem Leser Ansatzpunkte für die thematische Vertiefung.

Die abschließende Darstellung der tatsächlichen Entwicklung zeigt auf, welcher Lösungsansatz in der Praxis gewählt wurde, um das dargestellte Marketingproblem zu bewältigen. Die vom Leser erarbeiteten Lösungen lassen sich folglich auf ihre Tragfähigkeit und Praxisnähe überprüfen.

Unser besonderer Dank gilt natürlich den Autoren aus der Unternehmenspraxis, die wir zur Mitarbeit an dieser Fallstudiensammlung gewinnen konnten. Insbesondere das Ziel, möglichst aktuelle Fälle zu berücksichtigen, und der daraus resultierende enge Zeitplan erforderte von jedem einzelnen Autor viel Engagement und Disziplin. Für alle verbleibenden Fehler und Schwächen des Buches tragen natürlich die Herausgeber die Verantwortung. Kritische Anmerkungen und Verbesserungsvorschläge sind jederzeit willkommen.

Unsere Hoffnung ist, daß wir durch das vorliegende Buch Praktiker und Wissenschaftler gleichermaßen dafür gewinnen können, mit einer interessanten Fallstudie unser Vorhaben zu unterstützen, zukünftig regelmäßig aktuelle Marketingproblemstellungen aus dynamischen Märkten der interessierten Leserschaft zugänglich zu machen.

Göttingen, Mai 2000

Andreas Scharf
Thomas Wolf

Inhaltsverzeichnis

Vorwort   V

Autorenverzeichnis   IX

Relaunch des Internet-Zugangsproduktes StarNet   1
Andreas Scharf, Thomas Wolf und Claus Darnstädt

Eintritt des Anbieters „virtuella" in den Festnetzmarkt   31
Jens Böcker

Erfolgreiches Customer Care der Power AG mittels Call Center in der Energiewirtschaft   57
Carsten Suckrow

Differenzierungs- und Markteintrittsstrategie des Mobilfunk-Netzbetreibers „Cellvic" bei Daten-Mehrwertdiensten   81
Thomas Wolf

Entwicklung erfolgreicher neuer Stromprodukte durch die swb Enordia GmbH mit Hilfe der Conjointanalyse   109
Marcus Pabsch, Andreas Scharf und Hans-Peter Volkmer

Autoren:

Prof. Dr. **Jens Böcker** lehrt die Fächer Allgemeine Betriebswirtschaftslehre und Marketing an der Fachhochschule Bonn-Rhein-Sieg. Vorher war er bei der Mannesmann o.tel.o GmbH in Köln für das Geschäftsfeld Reseller und Service Provider verantwortlich sowie als Marketingberater bei der Unternehmensberatung Simon, Kucher & Partner GmbH in Bonn tätig.

Dipl.-Ök. **Claus Darnstädt** hat nach Abschluß seines Studiums der Wirtschaftswissenschaften mehrere Jahre für verschiedene Online- und Telekommunikationsunternehmen Mehrwertdienste realisiert. Heute ist er als Produktmanager bei der Materna Information&Communications in Dortmund insbesondere für die Vermarktung von WAP-Lösungen verantwortlich.

Dipl.-Kfm. **Marcus Pabsch** ist Produktmanager bei der swb Enordia GmbH, Bremen, und verantwortlich für die Entwicklung und Vermarktung der Stromprodukte des norddeutschen Infrastrukturdienstleisters. Vorher war er wissenschaftlicher Mitarbeiter am Institut für Marketing und Handel der Georg-August-Universität Göttingen.

Priv.-Doz. Dr. **Andreas Scharf** ist als geschäftsführender Gesellschafter des Instituts für Sensorikforschung und Innovationsberatung GmbH, Göttingen, insbesondere zuständig für die Bereiche Konzeptforschung und Produktforschung. Zuvor war er wissenschaftlicher Assistent am Institut für Marketing und Handel der Georg-August-Universität Göttingen.

Dr. **Carsten Suckrow** ist Manager bei der Top-Management-Beratung A.T. Kearney in München. Seine Beratungsschwerpunkte liegen in der Entwicklung innovativer Marketing- und Vertriebsstrategien sowie in der Reorganisation von Marketing- und Vertriebsprozessen für die Energiewirtschaft und die Telekommunikationsindustrie. Vorher war er als Projektleiter im Inhouse-Consulting und als Leiter Marketing im Hause Schott Glas tätig.

Dipl.-Kfm. **Hans-Peter Volkmer** ist als Mitarbeiter des Instituts für Sensorikforschung und Innovationsberatung GmbH, Göttingen, verantwortlich für den Bereich Konzeptentwicklung. Außerdem ist er zur Zeit externer Doktorand am Institut für Marketing und Handel der Georg-August-Universität Göttingen.

Dr. **Thomas Wolf** leitet den Bereich Marketing und Produktmarketing bei der Materna Information&Communications in Dortmund für das Geschäftsfeld Communications. Er ist verantwortlich für operatives und strategisches Marketing sowie für International Business Development. Vorher arbeitete er mehrere Jahre bei großen deutschen Netzbetreibern und Service Providern ebenfalls im Bereich Produktmarketing.

Relaunch des Internet-Zugangsproduktes StarNet

von Andreas Scharf, Thomas Wolf und Claus Darnstädt

1. Problemstellung

StarNet ist das Internet-Zugangsprodukt für den Markt der Privatkunden („residential market") der Starline GmbH, eines Telekommunikationsunternehmens mittlerer Größe mit Sitz in München und einem Jahresumsatz von 17 Mio. DM. Bei StarNet handelt es sich um ein Single-User Produkt, welches den Computer des Nutzers über Modem oder ISDN-Karte und eine vorhandene Telefonleitung (anlog oder ISDN) mit dem Starline-Rechner und damit mit dem Internet verbindet. Eine StarNet-Verbindung kommt auf Wunsch des Nutzers zustande („dial up") und wird ebenso durch den Nutzer wieder beendet. Sogenannte Mehr-Nutzer-Umgebungen werden von StarNet nicht unterstützt. Die Abbildung 1 gibt einen Überblick über das Angebotsprofil des Produktes StarNet.

Anbieter/Produkt:	**StarNet**
Positionierung:	„Der neue Weg ins Internet"
Verfügbarkeit:	Bundesweit
Preis:	Nutzungsgebühr wird minutengenau abgerechnet und ist abhängig vom Wochentag; Nutzungs- Mo. bis Fr. 9 bis 21 Uhr: 7,95 DM/Stunde gebühr: restliche Zeit: 4,95 DM/Stunde; es fallen keine zusätzlichen Telefongebühren an; Grundgebühr: 4,95 DM/Monat (9,95 DM für Nicht-Starline-Kunden); die einmalige Anmeldegebühr 49,-- DM wird in der Einführungsphase erlassen
Geschwindigkeit:	33,6 Kbit, ISDN
Besonderheit:	Internet-Access-Provider = Anbieter eines Internet-Zugangs auf der Basis standardisierter Internet-Technologien (Verbindung des Kunden-PC zum Internet) ohne Bereitstellung eigener Inhalte; Vertrieb der Zugangssoftware auf CD-ROM über Fach- und Publikumszeitschriften

Abbildung 1: Angebotsprofil des Internet-Zugangsproduktes StarNet

Die Abbildung 2 zeigt das Cover der CD-ROM, welche die für die Nutzung von StarNet erforderliche Zugangssoftware enthielt. Die Positionierung von StarNet war zum einen durch den Slogan „Der neue Weg ins Internet" geprägt. Zum anderen wurden der günstige Preis sowie der Wegfall zusätzlicher Telefongebühren als zentrale „Nutzenversprechen" („benefits") kommunikativ herausgestellt (vgl. Abb. 3). Von den potentiellen Kunden sollte StarNet als erstes Internet-Zugangsprodukt wahrgenommen werden, das sich auf den Grundnutzen konzentriert (leistungsfähige Internetverbindung zu günstigem Preis).

Abbildung. 2: Cover der CD-ROM mit der erforderlichen StarNet-Zugangssoftware

Die Einführung des Produktes StarNet durch die Starline GmbH erfolgte Mitte Mai 1997 und war insgesamt wenig erfolgreich. Ende August 1998 nutzen nur ca. 8.200 deutsche Privatkunden das Internet-Zugangsprodukt StarNet. In der Marketingabteilung der Starline GmbH wurden verschiedenen Ursachen für diesen Mißerfolg identifiziert:

Abbildung. 3: Kommunikative Umsetzung der zentralen Nutzenversprechen des Internet-Zugangsproduktes StarNet

(1) Die CD-ROM, mit der die Nutzer die erforderliche Zugangssoftware auf ihrem Computer installieren konnten, erwies sich als fehlerhaft und war nicht marktgerecht aufbereitet, insbesondere die Installation unter Windows 98 bereitete Probleme. Außerdem war die Registrierung (Aktivierung) nur über die CD-ROM möglich. Der Aktivierungsprozeß, d.h. die Zeitspanne von der Anforderung der CD-ROM bis zur Freischaltung, dauerte außerdem viel zu lange.

(2) Die Kommunikation von StarNet erfolgte vor allem durch drei Maßnahmen: Erstens wurden ganzseitige Anzeigen mit aufgespendeter CD-ROM in Computerfachzeitschriften geschaltet. Zweitens erhielten Starline- und Festnetzkunden Rechnungsbeileger zur Anforderung der CD-ROM. Drittens wurden im Internet Werbebanner mit dem Verweis auf eine StarNet-Promotion-Seite (Möglichkeit zur Anforderung der CD-ROM) plaziert. Die Positionierung von StarNet mit dem Slogan „Der neue Weg ins Internet" war jedoch wenig durchschlagskräftig. Als USP von StarNet wurde herausgestellt, daß die Telefongebühren im Stundenpreis bereits enthalten sind. Dieser USP wurde von potentiellen Kunden ent-

weder nicht verstanden oder nicht honoriert. Insgesamt verfehlten die kommunikativen Maßnahmen weitgehend die geplante Wirkung.

(3) Der Preis für die Nutzung von StarNet betrug je nach Tageszeit und Wochentag zwischen 4,95 DM und 7,95 DM je Stunde (inklusive Telefongebühren). Die Preispolitik erwies sich jedoch nicht als marktgerecht, da weder die absolute Preishöhe noch das Preis-Modell (Preis je Stunde inklusive Telefongebühren; zeitliche Preisdifferenzierung nach Tageszeit) von den potentiellen Kunden akzeptiert wurden.

Aufgrund der bisher mißlungenen Marktdurchdringungstrategie beschließt die Geschäftsleitung der Starline GmbH im Herbst des Jahres 1998 einen Relaunch des Produktes StarNet. Dieser Relaunch soll einen wesentlichen Beitrag zur Realisierung des für das nächste Geschäftsjahr gesteckten obersten Unternehmensziels der Starline GmbH leisten. Dieses Ziel lautet: „Erzielung eines Umsatzzuwachs von 15 Prozent im Jahr 1999".

Sie selbst arbeiten in der Marketingabteilung der Starline GmbH und werden damit beauftragt, auf der Basis der vorliegenden Informationen ein tragfähiges Marketingkonzept für den Produkt-Relaunch von StarNet zu erarbeiten.

2. Situationsanalyse

2.1. Entwicklung des Internet-Marktes

Die Abbildung 4 veranschaulicht die dramatische Zunahme der Internet-Nutzung in Deutschland. Für das Jahr 2001 rechnet das European Information Technology Observatory (EITO) mit knapp 15 Millionen Nutzern, d.h. mehr als eine Verdreifachung gegenüber 1997. Im Sommer 1998 stehen den 250.000 gewerblichen Nutzern (Unternehmen mit mehr als 10 Angestellten) bereits 5,5 Millionen private Nutzer gegenüber.

Der Abbildung 5 ist zu entnehmen, daß die Einnahmen der Internet-Provider aus dem Geschäft mit gewerblichen Nutzern stärker wächst als mit privaten Nutzern. Von den im Jahr 1998 erwirtschafteten 649 Millionen entfielen 41 Prozent auf private Internet-Nutzer, gemäß zuverlässiger Schätzungen des EITO sinkt der Anteil bis zum Jahr 2001 auf ca. 36 Prozent.

1998 betragen die Gesamteinnahmen der Internet-Anbieter 763 Millionen, wobei 85 Prozent davon auf den „reinen" Internet-Zugang und 15 Prozent auf Internet-Dienste (z.B. E commerce) entfallen (vgl. Abb. 6).

Relaunch des Internet-Zugangsproduktes StarNet

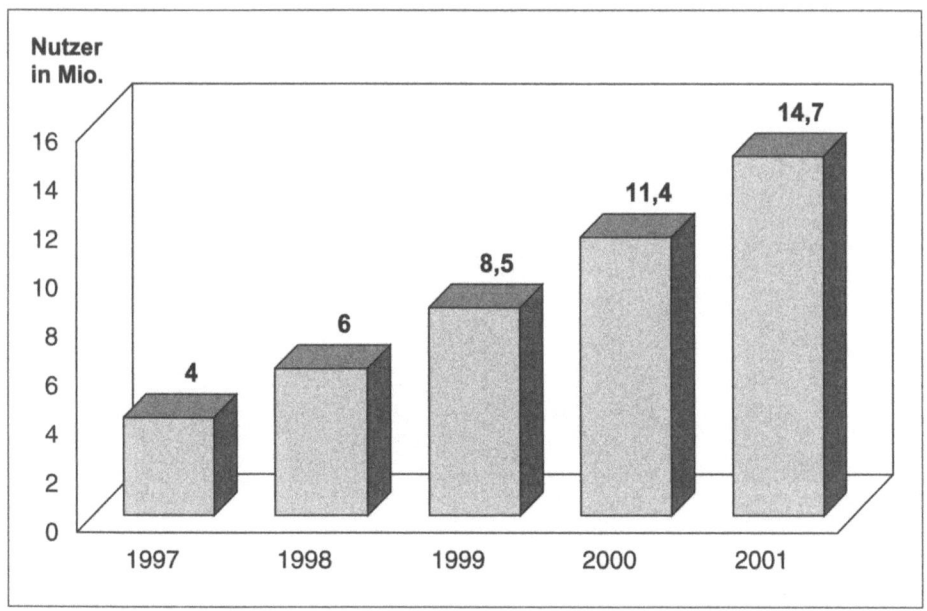

Abbildung 4: Anzahl der Internet-Nutzer in der Bundesrepublik Deutschland

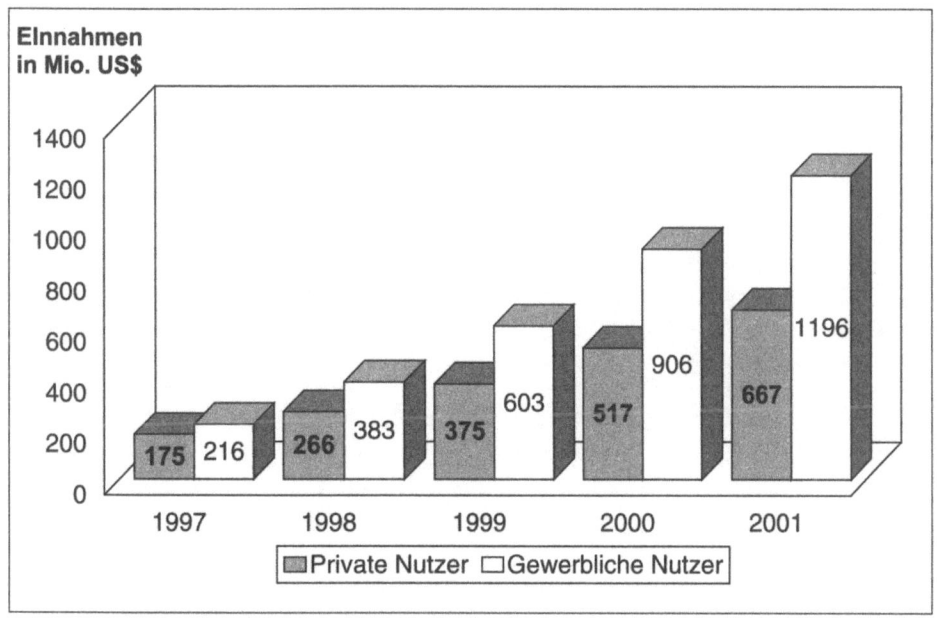

Abbildung 5: Einnahmen der Internet Provider, unterteilt nach privaten und gewerblichen Nutzern

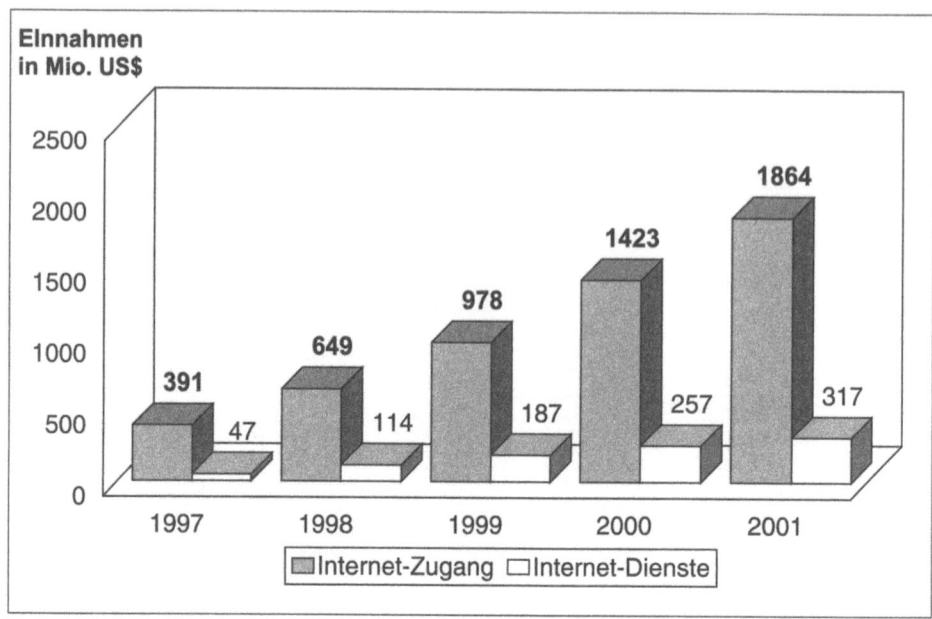

Abbildung 6: Einnahmen der Internet Provider, unterteilt nach Internet-Zugang und Internet-Diensten (Stand: 1998)

2.2. Wettbewerbssituation

Auf dem deutschen Markt existieren mittlerweile zahlreiche Produkte, die privaten Anwendern einen Internet-Zugang ermöglichen. Neben den großen Online-Diensten T-Online, AOL und CompuServe hat sich eine Vielzahl von Internet Providern etabliert, die hinsichtlich ihrer Unternehmensgröße deutliche Unterschiede aufweisen. Vor allem die kleinen Provider sind überwiegend nur lokal tätig, wobei der Trend jedoch insgesamt zum Angebot bundeseinheitlicher Einwahlnummern geht.

Neben den klassischen Internet-Providern treten neuerdings immer mehr Telefongesellschaften in den Markt ein. Es ist davon auszugehen, daß die meisten großen Telefongesellschaften zeitnah diversifizieren, indem sie auch Internet-Zugänge anbieten, um Synergien zu nutzen bzw. vorhandene Netz-Kapazitäten besser auszulasten.

Die Unternehmen, welche Internet-Zugänge anbieten, lassen sich in drei Kategorien unterteilen:

(1) Die Anbieter von Online-Diensten existieren bereits seit mehreren Jahren. Da das Internet zu Beginn ihrer Tätigkeit eine untergeordnete Rolle spielte, haben

die Anbieter zunächst ihren Dienstleistungsschwerpunkt auf eigene Inhalte gelegt, die nur den Kunden des jeweiligen Dienstes zur Verfügung stehen. Der Siegeszug des Internets zwang die Unternehmen dieser Kategorie jedoch sehr schnell dazu, für ihre Kunden über die exklusiven Inhalte hinaus auch eine Schnittstelle zum Internet bereitzustellen.

Die Anbieter von Online-Diensten setzen vor allem auf einfache Bedienung. Der Kunde wird weder mit der Konfiguration von spezieller Online-Software (z.B. Browser, E-Mail) noch mit der eingesetzten Betriebssystem-Software konfrontiert. Die Installationssoftware wird über CD-ROMs distribuiert und übernimmt alle systemtechnischen Aufgaben, so daß sich auch für ungeübte PC-Nutzer in der Regel keine gravierenden Probleme ergeben. Außerdem erhält der Kunde Hilfestellung durch bundesweit erreichbare Call-Center (in der Regel zum Nulltarif).

Die Preispolitik der Anbieter von Online-Diensten spricht eher Wenig- als Vielnutzer an. Es gibt kaum zielgruppenspezifische Tarife. Versucht wird im Rahmen der Marktdurchdringungsstrategie vor allem, die Zielgruppe der Einsteiger durch günstige Angebote und die einfache Handhabung der Software anzusprechen.

Im Gegensatz zu den Internet-Access-Providern (siehe unten) sind die kommunikationspolitischen Maßnahmen der Anbieter von Online-Diensten sehr intensiv, AOL und T-Online werben sogar mit Spots im Fernsehen. Der Vertrieb der Zugangssoftware wird hauptsächlich über aufgespendete CD-ROMs in Publikums- und Fachzeitschriften sowie im Verbund mit dem Absatz von Modems bzw. ISDN-Karten sichergestellt.

Die drei größten Anbieter von Online-Diensten (T-Online, AOL und Compuserve) erreichten Ende 1997 einen Marktanteil von etwas mehr als 70 Prozent im Segment der privaten Internet-Nutzer. Die Abbildung 7 enthält die Profile der wichtigsten Anbieter von Online-Diensten.

(2) Aufgrund der dramatischen Zunahme frei zugänglicher Inhalte im Internet traten die sogenannten Inernet-Access-Provider in den Markt ein. Diese Unternehmen, zu denen unter anderem germany.net, Nacamar und auch StarNet zählen, bieten auf der Basis standardisierter Internet-Technologien „reine" Internet-Zugänge an, d.h., sie stellen lediglich die Verbindung des Kunden-PC zum Internet her, ohne eigene Inhalte für den Nutzer bereitzuhalten.

ANBIETER VON ONLINE-DIENSTEN	
Anbieter/Produkt:	T-Online
Positionierung:	"Internet einfach und schnell"; größter Provider in Euopa; 2,3 Mio. Mitglieder in Deutschland
Verfügbarkeit:	Bundesweit zum Ortstarif
Preis:	Grundgebühr: 8,-- DM/Monat; Nutzungsgebühr: 0,05 DM/Minute
Geschwindigkeit:	33,6 Kbit und ISDN
Besonderheit:	Viele exklusive Inhalte; Homebanking bei sehr vielen Kreditinstituten möglich
Anbieter/Produkt:	AOL
Positionierung:	"Online für alle"; starker Fokus auf Inhalten und Community; größter Provider weltweit; Nr. 1 in den USA
Verfügbarkeit:	Bundesweit zum Ortstarif
Preise:	Grundgebühr: 8,-- DM/Monat inkl. 2 Freistunden; Nutzungsgebühr: 6 DM/Stunde; Für Neukunden 30 Tage ohne Grundgebühr + 50 Freistd.
Geschwindigkeit:	56 Kit und ISDN
Besonderheiten:	Starke Kommunikation durch Werbung und CD-ROM-Vertrieb über Fach- und Publikumszeitschriften
Anbieter/Produkt:	CompuServe
Positionierung	"The Business Tool"; Starker Fokus auf exklusive, business-orientierte Inhalte
Verfügbarkeit:	13 Einwahlknoten in Deutschland
Preise:	Grundgebühr: 9,95 US$/Monat inkl. 5 Freistunden; Nutzungsgebühr. 2,95 US$/Stunde
Geschwindigkeit:	33,6 Kbit (5 Einwahlknoten mit 56 Kbit)
Besonderheiten:	Vertrieb von CD-ROMs über Fachzeitschriften; exklusive Inhalte (Datendienste, Foren, Datenbanken und Facharchive, branchenspezifisches Business-Center); weltweit in 185 Ländern verfügbar; 24-Stunden-Kundendienst

Abbildung 7: Angebotsprofile wichtiger Anbieter von Online-Diensten (Stand: 1998)

Der Nachteil der meisten Internet-Access-Provider besteht darin, daß der Kunde den Internet-Zugang selbst konfigurieren muß und keine Installationssoftware zur Verfügung steht. Internet-Einsteiger sind deshalb häufig auf die Hilfe von Experten angewiesen. Hinzu kommt, daß der Support der meisten Internet-Access-Provider beschränkt ist, weil Call-Center entweder fehlen oder die Kapazitäten bestehender Call-Center nicht ausreichen.

INTERNET-ACCESS-PROVIDER	
Anbieter/Produkt:	germany.net
Positionierung:	„Die ganze Welt gebührenfrei"
Verfügbarkeit:	34 Einwahlknoten und Einwahlnummer für D2-Mobilfunk
Preis:	Es fallen lediglich Telefongebühren an
Geschwindigkeit:	Je nach Einwahlknoten 28,8 bis 33,6 Kbit, teilweise ISDN
Besonderheit:	Der Zugang wird durch Werbung finanziert, das Surfen im Internet wird von Werbeeinblendungen unterbrochen
Anbieter/Produkt:	Nacamar
Positionierung:	„One world. One price."
Verfügbarkeit:	Bundesweit zum Ortstarif, Einwahlnummern für D1, D2 und E-Plus
Preis:	Pauschal 35,-- DM/Monat; unbegrenzte Nutzung
Geschwindigkeit:	36,3 KBit und ISDN
Besonderheit:	Support-Hotline: werktags von 9 bis 12 Uhr und von 14 bis 17 Uhr
Anbieter/Produkt:	Okay.net
Positionierung	„Ihr schneller Zugang zum Rest der Welt"
Verfügbarkeit:	49 Einwahlknoten in Deutschland, ab 1999 Einwahl flächendeckend zum Ortstarif
Preis:	Grundgebühr: 25,-- DM/Monat; unbegrenzte Nutzung
Geschwindigkeit:	Einmalige Anmeldgbühr: 25,-- DM
Besonderheit:	56 KBit und ISDN
	Online anmelden und sofort surfen; technische Hotline

Abbildung 8: Angebotsprofile wichtiger Internet-Access-Provider (Stand: 1998)

Zielpersonen der Internet-Access-Provider sind folglich vor allem Online-Profis, die nicht nur über fundierte Betriebssystemkenntnisse verfügen, sondern auch mit den relevanten Begriffen der Online-Welt vertraut sind.

Die Preispolitik der Internet-Access-Provider richtet sich an private und gewerbliche Vielnutzer, die in der Regel mit Pauschal-Tarifen zum Vertragsabschluß bewegt werden sollen. Der Nutzer zahlt eine monatliche Grundgebühr (ca. 30,-- DM), aber außer den anfallenden Telefonkosten keine nutzungsabhängige Gebühr. Die Werbemaßnahmen der Internet-Access-Provider beschränken sich in der Regel auf Anzeigen in Fachzeitschriften. Neue Kunden werden vor allem durch Berichte und Tests in Fachzeitschriften, durch eine gute Öffentlichkeitsarbeit der Anbieter sowie durch Empfehlungen von zufriedenen Nutzern gewonnen. Im Vergleich zu den Anbietern von Online-Diensten ist der Marktanteil von Internet-Access-Providern jedoch gering. Die Abbildung 8 enthält die Angebotsprofile wichtiger Internet-Access-Provider.

(3) Eine erfolgversprechende Weiterentwicklung der Internet-Access-Provider stellen die sogenannten Internet-Service-Provider dar. Der Grundnutzen dieser Produktkategorie besteht für den Kunden zwar ebenfalls in dem Zugang zum Internet auf der Basis standardisierter Internet-Technologien, Internet-Service-Provider stellen aber auch Inhalte bereit, auf die zum Teil nur die eigenen Kunden zugreifen können (z.B. durch Logins). Eine weitere Dienstleistung ist das sogenannte „Content-Linking: Der Anbieter stellt auf seiner Homepage eine Sammlung aktueller, redaktionell aufbereiteter Hyperlinks zur Verfügung, die den Nutzer zu den interessierenden Inhalten auf anderen Web-Seiten führen. Die Homepage des Anbieters wird auf diese Weise zum Wegweiser durch das Internet (vgl. Abb. 9).

Um auch Einsteigern die problemlose Nutzung des Internets zu ermöglichen, bieten die Internet-Service-Provider auch CD-ROMs als Installationshilfen an. Üblich sind ebenfalls Hilfestellungen durch Call Center sowie Service-Web-Sites.

Die kommunikationspolitischen Aktivitäten sind zwar intensiver als die der Internet-Access-Provider, erreichen aber keinesfalls das hohe Niveau der Anbieter von Online-Diensten. Die Abbildung 9 enthält die Angebotsprofile wichtiger Internet-Service-Provider.

Die Preispolitik der verschiedenen Internet-Service-Provider unterscheidet sich zum Teil erheblich voneinander. Es existieren sowohl Pauschaltarife als auch zielgruppenspezifische Tarife für Wenig- und Vielnutzer. Folglich werden – in Abhängigkeit von der jeweiligen Preispolitik - vom Einsteiger bis zum Intensiv-Nutzer alle relevanten Zielgruppen von verschiedenen Anbietern dieser Kategorie angesprochen.

INTERNET-SERVICE-PROVIDER	
Anbieter/Produkt:	Arcor – Internet by Call
Positionierung:	„Internet für alle"; erster Internet-Anbieter in Deutschland ohne Vertragsbindung
Verfügbarkeit:	Bundesweit
Preis:	Nutzungsgebühr (unabhängig vom Wochentag) 9 bis 18 Uhr: 0,16 DM/Minute 18 bis 9 Uhr: 0,12 DM/Minute es fallen keine zusätzlichen Telefongebühren an
Geschwindigkeit:	33,6 KBit und ISDN
Besonderheit:	Keine Anmeldung erforderlich; kein E-Mail-Account, kein News-Server, keine private Homepage
Anbieter/Produkt:	1&1 Internet.plus
Positionierung:	„Internet und Homebanking"
Verfügbarkeit:	Bundesweit zum Ortstarif
Preis:	Nutzungsgebühr: 4,20 DM/Stunde; keine Grundgebühr
Geschwindigkeit:	
Besonderheit:	36,3 KBit und ISDN
	Nur in Verbindung mit einem Konto bei der Bank 24; Differenzierung über Profi-E-Mail (z.B. mehrere E-Mail-Adressen)
Anbieter/Produkt:	Metronet / Primus-Online (ab 3/98)
Positionierung	„Bedienen Sie sich"; Verbindung von Online-Dienst und Online-Shopping
Verfügbarkeit:	Deutschlandweit 65 Einwahlknoten
Preis:	Grundgebühr: 7,50 DM/Monat; Nutzungsgebühr: 2,70 DM/Stunde; erster Monat ohne Grundgebühr
Geschwindigkeit:	56 Kbit und ISDN
Besonderheit:	Marktkommunikation für Produkte, die in den Online-Shops bestellt werden können; Warengruppen: Musik-CDs, Bücher, Computer-Hard- und Software, Reisen und Veranstaltungsticketes

Abbildung 9: Angebotsprofile wichtiger Internet-Service-Provider

Einen Überblick über die Markanteile der wichtigsten Internet-Anbieter Ende 1997, unterteilt nach privaten und gewerblichen Nutzern, gibt die Abbildung 10. T-Online beherrscht den Gesamtmarkt deutlich mit ungefähr 50 Prozent Marktanteil. Bei den gewerblichen Nutzern nimmt CompuServe den zweiten Platz ein, bei den privaten Nutzern hält CompuServe 1997 diesen Platz noch knapp vor dem Internet-Dienst AOL, der sich jedoch im Verlauf des Jahres 1998, insbesondere durch den hohen Werbedruck, auf diesen Platz vorschieben kann.

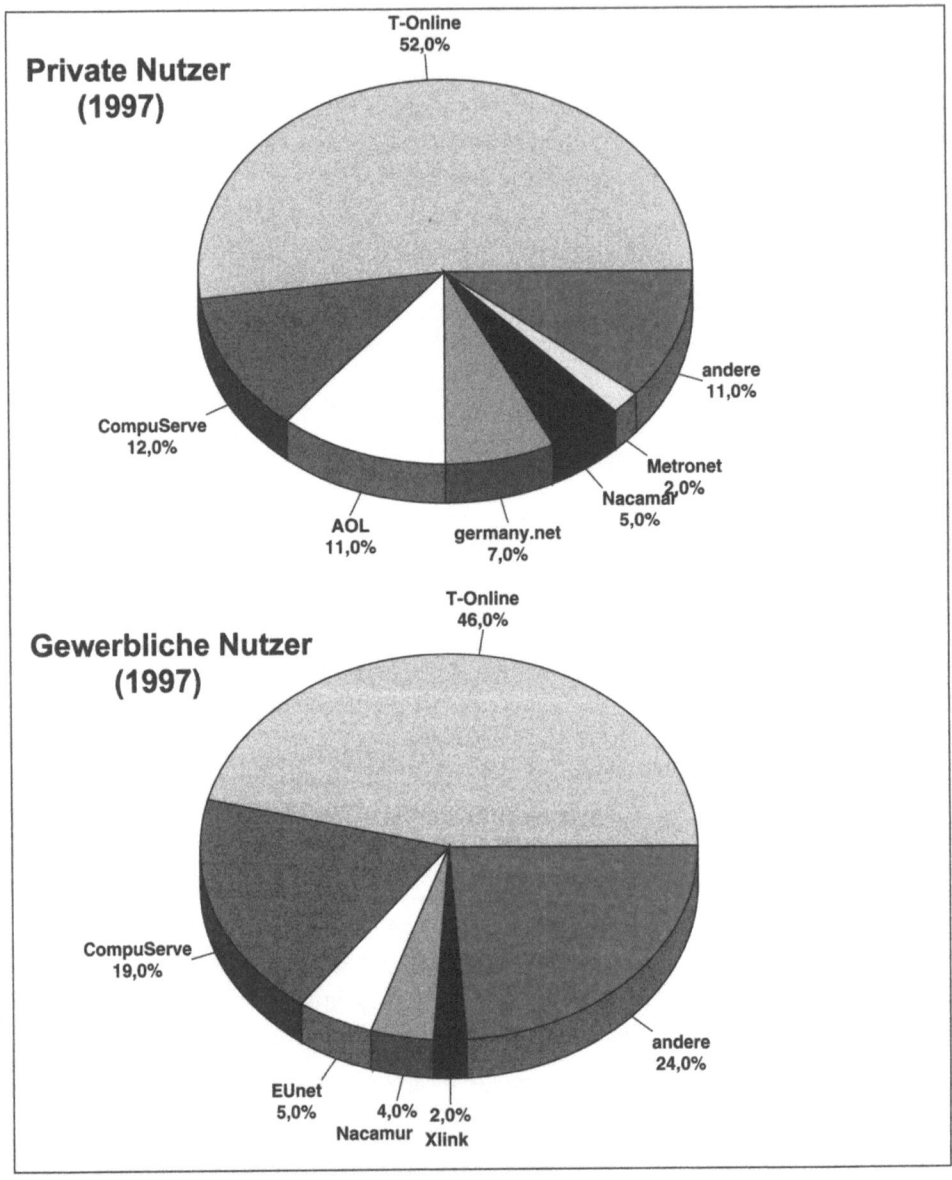

Abbildung 10: Marktanteile 1997 der wichtigsten Internet-Anbieter bei privaten und gewerblichen Nutzern (Basis: Anzahl der Nutzer)

Nach Ansicht von Experten wird die Wettbewerbsintensität rund um das Internet in Zukunft weiter zunehmen. Telekommunikations-Anbieter dringen verstärkt in den Internet-Markt ein, da sie zum einen Konvergenz-Vorteile besitzen und sich zum anderen durch ihre in der Regel stark ausgeprägte Service-Orientierung Wettbewerbsvorteile zu verschaffen versuchen. Für das Jahr 2000 ist mit einer Abschwächung des Wachstums des PC-gestützten Internet-Zugangs zu rechnen, dann wird vermutlich die Entwicklung des Internets im Bereich Web-TV und mobiles/plattformunabhängiges Web an Bedeutung gewinnen.

Hinsichtlich der Preispolitik bzw. der Tarifgestaltung ist ein Trend zu Pauschaltarifen mit unbegrenzter Nutzungszeit zu beobachten. Bei der wettbewerbsorientierten Kommunikation von Preisinformationen stehen zunehmend Minutenpreise im Vordergrund. Kombinierte Tarife (Nutzungsgebühren pro Zeiteinheit inklusive Telefongebühren) werden andere Preismodelle ablösen. Die Dienstleistung „Internet by Call", d.h. der Internet-Zugang ohne vorherige Anmeldung, wird zukünftig an Bedeutung gewinnen. Als Konsequenz ergibt sich – analog zur Entwicklung auf dem Telekommunikationsmarkt – die selektive Nutzung des jeweils günstigsten Internet-Providers und damit verbunden eine Verschärfung des Preiswettbewerbs.

Als zunehmend problematisch erweist sich auch der kommunikative Wettbewerb, der eine klare Positionierung des einzelnen Anbieters - insbesondere auf dem Markt für private Nutzer - erschwert. Zum einen werden die Privatkunden ständig mit den Namen neuer Internet-Provider (Talknet, Snafu, Arcor, o.tel.o, StarNet, Planet-Interkom usw.) sowie einer Vielzahl von Internet-Diensten (E-Mail, Homebanking, Internet-Shopping, Homepage etc.) konfrontiert. Zum anderen erschweren die vielen unterschiedlichen Tarifmodelle – analog zum Telekommunikationsmarkt – die Identifizierung des für die individuellen Bedürfnisse günstigsten Internet-Providers („50 Stunden gratis"; „10 Pf/Minute"; „9,90 DM/Monat"; „Alles inklusive"; „ohne Einrichtungsgebühr"; „zuzüglich Telefongebühren" etc.).

2.3. Zielgruppen

Die Starline GmbH hat auf dem Internet-Markt für Privatkunden zwei Kernzielgruppen identifiziert, die im Rahmen einer Marktdurchdringungsstrategie bearbeitet werden können: (1) Kunden der Konkurrenz, d.h. „aktuelle Onliner", sowie (2) bisherige Nichtnutzer, d.h. „potentielle Onliner".

(1) Aktuelle Onliner sind Internet-Nutzer, die bereits Erfahrungen mit diesem Medium gesammelt haben, zur Zeit aber privat einen Internet-Zugang der Konkurrenz nutzen. Zu dieser Zielgruppe zählen auch diejenigen, die über ihren Arbeitgeber, eine Bildungsinstitution (z.B. Universität) oder andere Einrichtun-

gen (z.B. Internet-Cafe) privat Zugang zum Internet haben. Hauptgrund für die Bereitschaft eines Teils der 5,5 Millionen privaten Internet-Nutzer (Stand: 1998), zu einem anderen Anbieter zu wechseln, ist vor allem die Unzufriedenheit mit dem Preis und/oder mit der Leistung des gewählten Internet-Providers. Auch wenn die bisherige Zugangsmöglichkeit entfällt (z.B. Ende des Studiums, Wechsel des Arbeitgebers) ergibt sich für viele Internet-Konsumenten ein aktueller Entscheidungsbedarf.

Ein besonders großes Potential für die Gewinnung von Kunden der Konkurrenz bieten die großen Anbieter von Online-Diensten, die in der Vergangenheit die meisten Internet-Einsteiger durch ihren hohen Werbedruck sowie den damit verbundenen hohen Bekanntheitsgrad gewinnen konnten. Diese Kunden erkennen häufig nach einigen Monaten der Mitgliedschaft, daß die Nutzenstiftung der exklusiven Inhalte gering ist und daß andere Provider leistungsfähigere Internet-Zugänge zu günstigeren Preisen anbieten.

Aktuelle Onliner sind überwiegend jüngere Leute (18 bis 39 Jahre) mit überdurchschnittlicher Schulbildung (70 Prozent haben Abitur). Zwei Drittel dieser Zielgruppe sind Männer. Aktuelle Onliner lassen sich charakterisieren durch ihre zum Teil fundierten Erfahrungen mit dem Medium „Internet". Folglich können sie differenzierende Argumente sowie Vor- und Nachteile der verschiedenen Anbieter besser beurteilen als Internet-Einsteiger. Abbildung 11 zeigt, wie intensiv die verschiedenen Online-Angebote von dieser Zielgruppe genutzt werden.

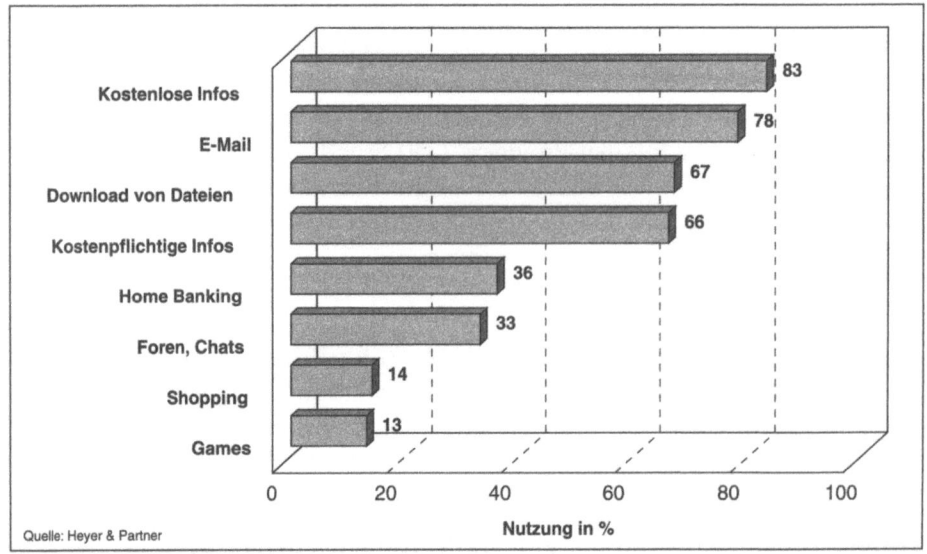

Abbildung 11: Nutzung von Internet-Angeboten durch die Zielgruppe „aktuelle Onliner"

(2) Potentielle Onliner sind private Einsteiger, die zur Zeit über keinen Internet-Zugang verfügen und folglich bislang auch keine/wenig Erfahrungen mit dem Internet gemacht haben, sich aber für dieses Medium interessieren. Die Wahl der ca. 1,1 Mio. Kunden, die jährlich neu hinzukommen, fällt deshalb häufig auf einen der beiden bekanntesten Anbieter, T-Online oder AOL. Eine wichtige Rolle bei der Entscheidung für einen bestimmten Provider spielen auch Meinungsführer im sozialen Umfeld des Internet-Einsteigers.

Eine Betrachtung der soziodemographischen Struktur der Neueinsteiger über die letzten Jahre hinweg verdeutlicht, daß das Internet „erwachsener" geworden ist. Während der Altersdurchschnitt der Neukunden im Jahr 1995 noch bei 29 Jahren lag, beträgt er 1998 schon 35,5 Jahre. Daß sich das Internet zu einem Massenmarkt entwickelt, zeigt auch das sinkende Bildungsniveau der Internet-Einsteiger: Der Anteil an Studenten sank zwischen 1995 und 1998 von 48 auf 17 Prozent. Außerdem hat das Mißverhältnis zwischen männlichen und weiblichen Neukunden in diesem Zeitraum stark abgenommen.

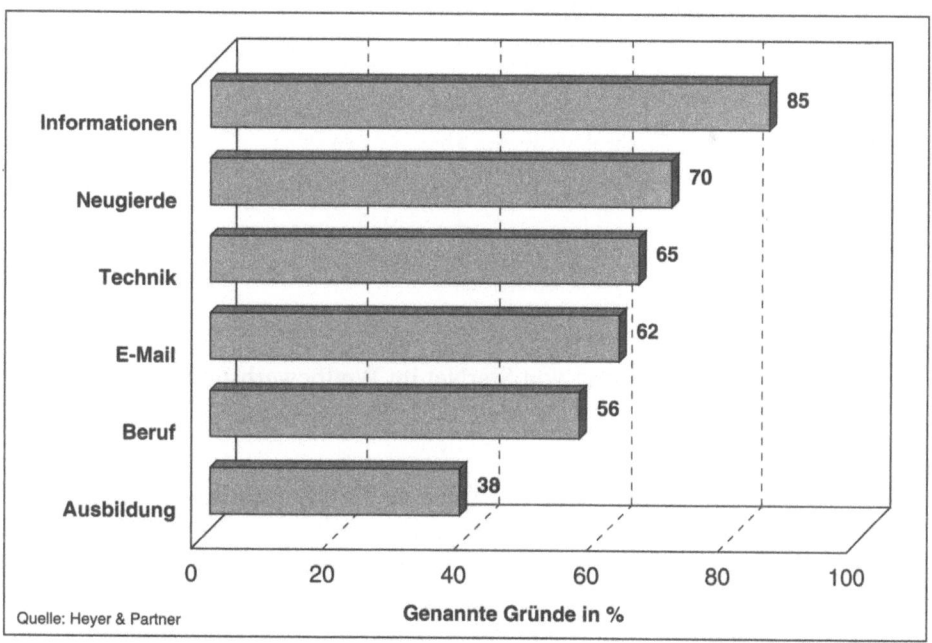

Abbildung 12: Gründe für den Internet-Einstieg der Zielgruppe „potentielle Onliner"

Potentielle Onliner sind mit der Technik und der Begriffswelt des Internets wenig vertraut, so daß sie in der Regel Schwierigkeiten haben, die Argumente sowie die Vor- und Nachteile der verschiedenen Wettbewerber richtig zu beurteilen. Deshalb steht bei dieser Zielgruppe neben dem Preis der einfache, problemlose Einstieg als nutzenstiftendes Merkmal im Mittelpunkt. Hinzu kommt der Wunsch, sich über das Internet eine eigene neue Erlebniswelt zu erschließen. Abbildung 12 gibt Aufschluß über die Gründe potentieller Onliner für die Entscheidung, sich für einen privaten Zugang zum Internet zu entscheiden.

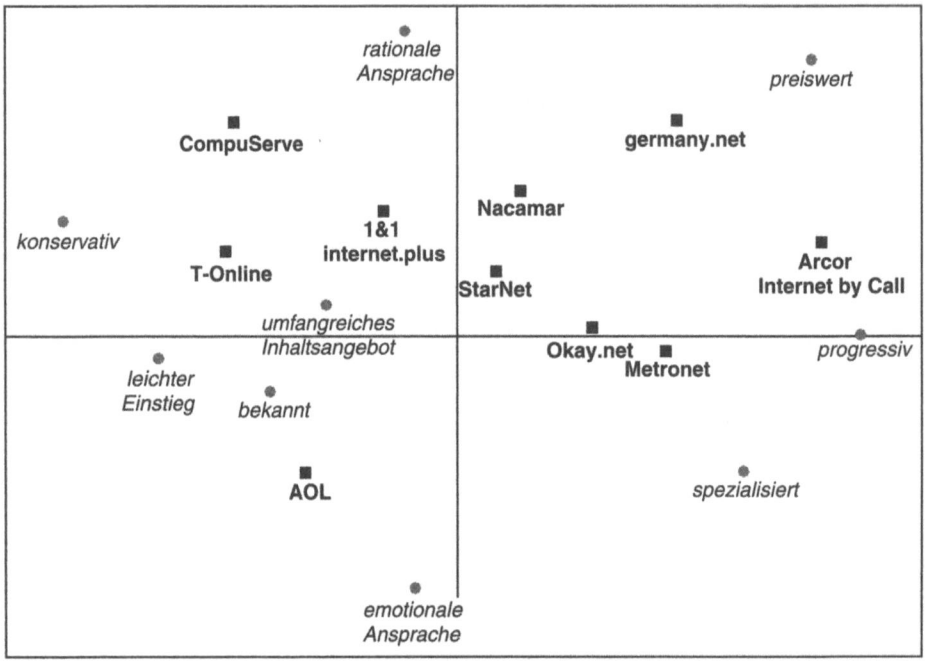

Abbildung 13: Positionierung von StarNet im Wettbewerbsumfeld aus Kundensicht

Das Ergebnis einer von der Starline GmbH in Auftrag gegebenen Imageanalyse veranschaulicht die Abbildung 13. 300 repräsentativ ausgewählte Personen der Zielgruppe „aktuelle Onliner" mußten angeben, durch welche Merkmale sich verschiedene Internet-Provider auszeichnen. Je näher zwei Produkte in der Abbildung 13 räumlich beieinander liegen, desto ähnlicher (austauschbarer) wird ihre Positionierung aus Sicht der Internet-Kunden wahrgenommen. Je weiter ein Produkt vom Ursprung des Koordinatenkreuzes und von Konkurrenzprodukten entfernt liegt, desto eigenständiger ist dessen Positionierung im Wettbewerb. Ein Internet-Produkt zeichnet sich besonders durch diejenigen Merkmale aus, die räumlich in seiner Nähe liegen. Die Abbildung 13 zeigt, daß eine differenzierende Positionierung des Produktes StarNet bislang nicht gelungen ist.

3. Aufgaben

(1) Verdichten Sie die vorliegenden Informationen zu einer aussagekräftigen Umweltanalyse, die als Grundlage für den Produktrelaunch von StarNet dient!

(2) Leiten Sie aus der Situationsanalyse eine erfolgversprechende neue Positionierung für StarNet ab! Durch welche(n) Produktvorteil(e) (USP) soll sich StarNet in Zukunft gegenüber der Konkurrenz differenzieren? Begründen Sie Ihre Entscheidung!

(3) Legen Sie sowohl ein ökonomisches als auch ein psychologisches Marketingziel fest, welches die Starline GmbH mit dem Relaunch von StarNet erreichen soll! Leiten Sie aus den Marketingzielen für jedes der vier absatzpolitischen Instrumente jeweils zwei operational formulierte Teilziele ab!

(4) Beschreiben Sie die Zielgruppe(n), die mit dem neu positionierten Internet-Produkt StarNet bedient werden soll(en)! Begründen Sie Ihre Entscheidung!

(5) Unterbreiten Sie im Rahmen eines sinnvollen Marketingmix konkrete Vorschläge für geeignete produktpolitische, preispolitische, kommunikationspolitische und distributionspolitische Maßnahmen, durch die eine erfolgreiche Marktdurchdringungsstrategie mit dem neu positionierten Produkt StarNet realisiert werden kann!

4. Marketingtheoretische Einordnung der Fallstudie

4.1. Begriff und wesentliche Merkmale eines Produktrelaunches

Unter einem Produktrelaunch versteht man die Veränderung (Modifikation) einer Eigenschaft bzw. mehrerer Eigenschaften eines bereits auf dem Markt eingeführten Produktes. An die Stelle des „alten" Produktes tritt folglich ein neues, mit dem eine bessere Realisierung der gesteckten Marketingziele erreicht werden soll. Typisch für einen Produktrelaunch ist, daß Veränderungen am Produkt selbst durch geeignete Anpassungen bei den anderen Marketinginstrumenten begleitet werden, damit die Abnehmer die Veränderungen auch als spürbare Verbesserung bzw. Neuerung wahrnehmen (vgl. *Headrich*, 1997, S. 18f.). Anlässe für die unternehmerische Entscheidung, einen Produktrelaunch durchzuführen, sind vor allem eine mißlungene Marktdurchdringungsstrategie in der Einführungsphase oder die abnehmende Attraktivität eines Produktes in der Reifephase des Lebenszyklus. Ein erfolgreicher Relaunch verlängert die Lebensdauer des betreffenden Produktes und beugt somit einer Produktelimination vor.

Da es sich bei einem Produktrelaunch um eine vergleichsweise umfassende Veränderung des gesamten Marktauftritts handelt, spricht man in diesem Zusammenhang auch von einer Umpositionierung des alten Produktes. Als Dokumentation der Ist-Situation dient häufig ein sogenanntes Positionierungsmodell (vgl. Abb. 13), welches die aktuellen Positionen der im Wettbewerb stehenden Produkte und der sie aus Sicht der Konsumenten charakterisierenden Eigenschaften in einem zwei- oder dreidimensionalen Raum visualisiert. Ziel ist es, durch die Neudefinition bzw. Weiterentwicklung des Marktauftritts eine attraktive neue Produktposition zu identifizieren, welche den Nutzenerwartungen der anvisierten Zielgruppen möglichst genau entspricht und gleichzeitig eine klare und positive Abgrenzung gegenüber den stärksten Konkurrenten gewährleistet. Gesucht wird folglich eine "unique selling proposition" (USP) für das eigene Produkt, d.h. ein einzigartiger Verkaufsvorteil (vgl. *Becker*, 1998, S. 248).

4.2. Prozeß der Marketingplanung

Die schrittweise Lösung von Marketingproblemen läßt sich anschaulich anhand des Prozesses der Marketingplanung verdeutlichen. Unter Marketingplanung versteht man das systematische und rationale Durchdringen des gegenwärtigen und künftig zu erwartenden Markt- und Unternehmensgeschehens mit dem Ziel, daraus Richtlinien für die Entfaltung geeigneter Marketingaktiväten (hier: die Realisierung eines Produktrelaunches) abzuleiten. Die Abbildung 14 gibt einen Überblick über den idealtypischen Prozeß der Marketingplanung.

4.2.1. Analyse der Marketingsituation

Um eine geeignete neue Positionierung für StarNet identifizieren zu können, müssen zunächst aus der Vielzahl interner und externer Faktoren diejenigen herausgefiltert werden, die den bisherigen Mißerfolg von StarNet direkt oder zumindest indirekt beeinflußt haben. Zu den in dieser Fallstudie verfügbaren Daten über die Unternehmensumwelt zählen unter anderem aktuelle Marktdaten sowie Informationen über die wichtigsten Konkurrenten bzw. deren Produkte und über die Nutzenerwartungen relevanter Zielgruppen. Hilfreich für die Strukturierung und Verdichtung der verfügbaren absatzmarktbezogenen Informationen und deren Interpretation im Hinblick auf zukünftige Chancen und Risiken von StarNet erweist sich eine tabellarische Auflistung, wie sie ansatzweise in der Abbildung 15 dargestellt ist.

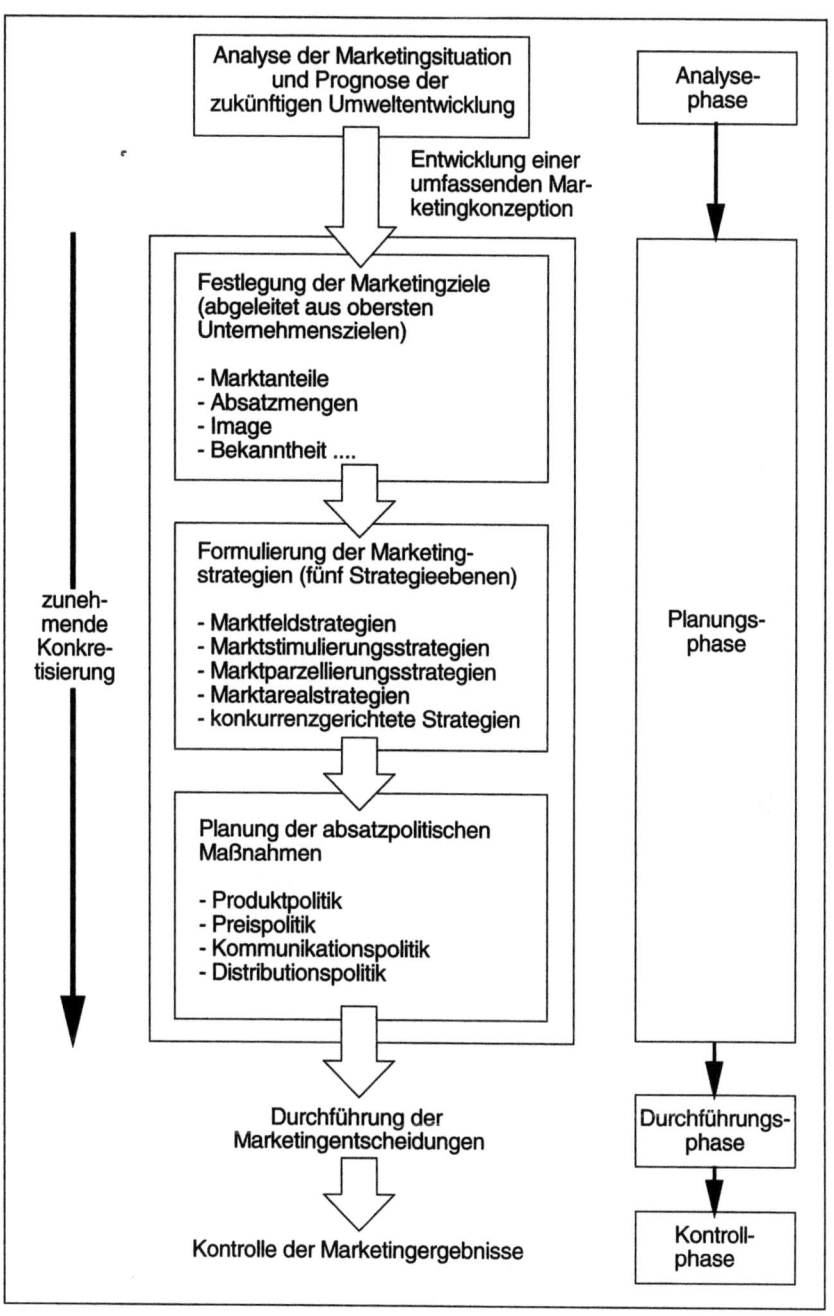

Abbildung 14: Idealtypischer Prozeß der Marketingplanung
(Quelle: Scharf/Schubert, 1997, S. 21).

Kriterium	Analyse	Chance	Risiko
Marktent-wicklung	Dramatische Zunahme der privaten Internet-Nutzung in Deutschland (1998 bereits 5,5 Millionen Internet-Nutzer)	●	
.	.		
.	.		
.	.		

Abbildung 15: Tabellarische Auflistung relevanter Umweltinformationen und deren Bewertung

4.2.2. Entwicklung einer Marketingkonzeption

Kernstück der Marketingplanung ist die Entwicklung einer geeigneten Marketingkonzeption auf der Grundlage aller relevanten, verfügbaren Informationen. Eine geeignete Marketingkonzeption für die Umpositionierung des Internet-Zugangsprodukt StarNet setzt Entscheidungen auf drei Planungsebenen voraus:

(1) Marketingziele werden als Bereichsziele aus den Unternehmenzielen abgeleitet und legen den angestrebten zukünftigen Zustand fest, der erreicht werden soll. Man unterscheidet zwei Arten von Marketingzielen, marktökonomische Ziele (z.B. Marktanteil, Absatzmenge, Umsatz) und marktpsychologische Ziele (z.B. Bekanntheit, Image). Die formulierten Marketingziele müssen anschließend weiter zu den sogenannten instrumentellen Teilzielen konkretisiert werden. Es wird also festgelegt, welche Ziele auf der Ebene der Produktpolitik, der Preispolitik, der Kommunikationspolitik sowie der Distributionspolitik erreicht werden sollen. Wichtig für die spätere Überprüfung der Zielerreichung ist, daß alle Ziele operational formuliert sind, d.h. Zielinhalt, Zielausmaß und Zeitbezug exakt bestimmt sind.

(2) Marketingstrategien geben bestimmte Stoßrichtungen des unternehmerischen Handelns im Rahmen der Marketingkonzeption an. Sie verkörpern das zentrale Bindeglied zwischen den Marketingzielen und dem Einsatz der absatzpolitischen Instrumente. Man unterscheidet zwischen vier Basisstrategien (abnehmerorientierte Strategien) und den konkurrenzgerichteten Strategien (vgl. Abb. 14). Im Rahmen der vorliegenden Fallstudie sind Eintscheidungen im Rahmen der Marktparzellierungsstrategien zu treffen. Diese strategische Stoßrichtung legt fest, ob die Unternehmung ihren Marketingmix auf alle aktuellen und potentiellen Internet-Kunden gleichermaßen ausrichtet (Massenmarktstrategie) oder aber bestimmte Zielgruppen mit eigens für sie geplanten Marketingmaßnahmen bear-

beitet (Marktsegmentierungsstrategie). Unter Marktsegmentierung versteht man folglich die Aufteilung eines Gesamtmarktes in verschiedene Teilmärkte (Zielgruppen), die jeweils mit einem speziell auf sie zugeschnittenen Marketingmix angesprochen werden. Das Ziel der Marktsegmentierung besteht darin, einen möglichst hohen Grad der Identität zwischen dem angebotenen Produkt und einer bestimmten Zielgruppe zu erreichen. Zur Identifizierung und Beschreibung relevanter Zielgruppen können verschiedene Kriterien herangezogen werden. Zu den sozio-ökonomischen Kriterien zählen beispielsweise Alter, Geschlecht, Einkommen, Schulbildung, Beruf und Größe des Wohnorts. Die wichtigsten psychographischen Kriterien sind allgemeine Persönlichkeitsmerkmale (z.B. Geselligkeit, Machtstreben, Verantwortungsbewußtsein, Toleranz), allgemeine sowie produktbezogene Einstellungen sowie Merkmale des Lebensstils („life-style"). Von besonderer Bedeutung ist in diesem Zusammenhang die Bildung von Zielgruppen gemäß ihrer produktbezogenen Nutzenerwartungen („benefit segmentation"). Die dritte und letzte Gruppe bilden die Kriterien des beobachtbaren Kaufverhaltens. Hierbei handelt es sich um Ergebnisse von Kaufentscheidungsprozessen, die zur Identifizierung von Marktsegmenten herangezogen werden können. Analog zu den absatzpolitischen Instrumenten lassen sich vier Kategorien unterscheiden: produktbezogene Kriterien (z.B. Produktwahl, Nutzungsintensität), preisbezogene Kriterien (z.B. Wahrnehmung von Sonderangeboten), kommunikationsbezogene Kriterien (z.B. Nutzung von Fachzeitschriften) sowie distributionsbezogene Kriterien (z.B. Einkaufsstättenwahl).

(3) Bei den absatzpolitischen Instrumenten handelt es sich um „Werkzeuge" zur operativen Gestaltung der gesamten Marktleistung. Der Gestaltungsrahmen für geeignete Maßnahmen ergibt sich zum einen aus den Ergebnissen der Situationsanalyse, zum anderen durch Entscheidungen auf der vorgelagerten Ziel- und Strategieebene. Das Ergebnis der zieladäquaten Koordinierung mehrerer bzw. vieler absatzpolitischer Einzelmaßnahmen wird als Marketingmix bezeichnet. Man unterscheidet vier absatzpolitische Instrumente (vgl. *Scharf/Schubert*, 1997, S. 53):

(i) Die Produktpolitik wird oft als „Herzstück" des Marketing bezeichnet und umfaßt alle Aktivitäten, die auf die Gestaltung einzelner Erzeugnisse oder des gesamten Absatzprogramms gerichtet sind. Zentrale Aufgabenfelder bestehen in der Entwicklung erfolgreicher neuer Produkte sowie in der ständigen Verbesserung bereits eingeführter Produkte.

(ii) Die Preispolitik beinhaltet alle absatzpolitischen Maßnahmen zur ziel- und marktgerechten Gestaltung des Preises von Sach- oder Dienstleistungen. Hierzu zählen die Bestimmung des optimalen Angebotspreises für neue Produkte, die Änderung des Preises für bestehende Produkte, Entscheidungen über preisliche

Differenzierungen von Erzeugnissen, aber auch Aktivitäten wie die Gestaltung von Rabatten, Zahlungsbedingungen und Finanzierungsangeboten.

(iii) Zur Kommunikationspolitik zählen sämtliche Maßnahmen, die darauf abzielen, die Kenntnisse, Einstellungen und Verhaltensweisen von Marktteilnehmern gegenüber den Unternehmensleistungen zu beeinflussen. Die Kommunikationspolitik wird deshalb auch als „Sprachrohr" des Marketing bezeichnet. Zum Einsatz kommen sowohl Instrumente der unpersönlichen (Massen-) Kommunikation als auch Maßnahmen des persönlichen Dialogs mit den Kunden. Zentrale Aktionsbereiche der Kommunikationspolitik sind die Werbung, Verkaufsförderung und Öffentlichkeitsarbeit.

(iv) Die Distributionspolitik bezieht sich auf alle Entscheidungen und Handlungen eines Herstellers, die mit dem Weg seiner Produkte bis zum Endkäufer in Verbindung stehen. Hierzu zählen Grundsatzentscheidungen über die Wahl der Distributionswege und -organe, über die Organisation und Steuerung des persönlichen Verkaufs sowie über die Ausgestaltung der Marketing-Logistik.

4.3. Weiterführende Literatur

Becker, J. (1998): Marketing-Konzeption. Grundlagen des strategischen und operativen Marketing-Managements, 6.Auflage, München.

Haedrich, G. (1997): Relaunchstrategien in der Konsumgüterindustrie; in: Weinhold-Stünzi, H./Reinecke, S./Schögel, M. (Hrsg.): Marketingdynamik, St. Gallen, S. 18-26.

Scharf, A./Schubert, B. (1997): Marketing. Eine Einführung in Theorie und Praxis, 2. Auflage, Stuttgart.

5. Die tatsächliche Entwicklung

Die Marketing-Verantwortlichen der Starline GmbH entschieden sich für eine progressive, im Vergleich zu anderen preiswerten Internet-Access-Providern stärker emotional aufgeladene Positionierung. Angestrebt wurde eine für den Kunden nachvollziebare Konzentration auf den einfachen, preisgünstigen Internet Zugang mit einem guten Content-Linking (u.a. Nachrichten, Suchmaschinen, Kontakte). Auf diese Weise sollte sowohl eine Differenzierung gegenüber den klassischen Online-Diensten (z.B. T-Online) mit ihren exklusiven Contents als auch gegenüber den reinen Internet-Access-Providern (z.B. germany.net) ohne Content und vergleichsweise aufwendiger Bedienung gelingen.

Als ökonomisches Marketingziel wurde die Gewinnung von 100.000 neuen Kunden bis zum Ende des Jahres 1999 festgeschrieben. Die Formulierung der wichtigsten instrumentellen Teilziele lautete wie folgt:

Produktpolitik: Gewährleistung eines schnellen und sicheren Internet Zugangs; hohe Geschwindigkeit, niedriger Preis und einfacher Einstieg als USPs gegenüber dem Wettbewerb.

Preispolitik: überzeugendes Preis-Leistungsverhältnis; Preisniveau mindestens fünf Prozent unterhalb des Marktführers T-Online; Durchsetzung segmentspezifischer Tarifmodelle.

Kommunikationspolitik: Emotionale Ansprache relevanter Zielgruppen durch Werbung und unkonventionelle Verkaufsförderungsaktionen; Verbesserung der kommunikativen Umsetzung der USPs.

Distributionspolitik: Bessere Nutzung bestehender Distributionskanäle; Verstärkung des Vertriebs über Anbieter von Modems bzw. ISDN-Karten.

Die verbale Beschreibung der neuen Positionierung von starnet lautete: „Starnet verbindet erstklassige Geschwindigkeit, höchste Zuverlässigkeit, und maximale Anwendungsfreundlichkeit mit einem einzigartigen und attraktiven Preismodell." Beide Zielgruppen, d.h. aktuelle und potentielle Onliner, sollten mit diesem Konzept gleichermaßen angesprochen werden. Die zentralen Nutzenversprechen von starnet und deren Begründung sind in der Abbildung 16 dargestellt.

Nutzenversprechen („benefit")	Begründung des Nutzenversprechens („reason why")
SUPERSCHNELL	Erstklassige Geschwindigkeit durch modernste Netzinfrastruktur
SUPERGÜNSTIG	Einzigartiges und attraktives Preismodell mit drei zielgruppenspezifischen Tarifen; Tarifwechsel ist jederzeit möglich
SUPEREINFACH	Einfache Bedienung durch kinderleichte Installation und komplette Software-Ausstattung für alle gängigen Betriebssysteme

Abbildung 16: Nutzenversprechen und deren Begründung für das modifizierte Produkt starnet

Im Rahmen einer konsquenten Marktdurchdringungsstrategie wurde das Produkt starnet mit verschiedenen Zusatznutzen stiftenden Merkmalen ausgestattet, um sowohl bisherige Nichtnutzer des Internets als auch Kunden der Konkurrenz für starnet zu gewinnen: (1) alle Dienste inklusive (direkter Internet-Zugang, frei wählbare E-mail Adresse, 15 MB Speicherplatz für die persönliche Homepage); (2) deutschlandweite Verfügbarkeit durch eine einheitliche Einwahlnummer; (3) hohe Zuverlässigkeit durch Backup-Systeme und ein modernes Rechenzentrum; (4) umfassender Service durch Starter-Paket, Online Support und ein rund um die Uhr erreichbares Call-Center; (5) kein Risiko, da der Vertrag täglich gekündigt werden kann.

Die aktuelle Marktsituation veranlaßte die Marketing-Verantwortlichen von starnet zu einer starken Modifikation des starnet-Preismodells. Die Grundgebühr wurde drastisch reduziert, und die extrem günstige Nutzungsgebühr in Pfennigen je Minute kommuniziert. Um den unterschiedlichen Nutzungsgewohnheiten aktueller bzw. potentieller Internet-Nutzer Rechnung zu tragen, erfolgte eine Dreiteilung der Tarife. Abbildung 17 gibt einen Überblick über das Preismodell nach dem Produkt-Relaunch.

Tarif	starnet „fun"	starnet „medium"	starnet „unlimited"
Grundgebühr	7,45 DM monatlich / 3,95 DM für Starline-Kunden		
Nutzungsgebühr zzgl. Telefongebühren	4 Pf/Min.	In den ersten 10 Stunden des Monats 5 Pf/Min. danach 2,5 Pf/Min.	In den ersten 20 Stunden des Monats 6 Pf/Min. danach kostenfrei
Taktung	Eine Minute		
Telefongebühren	8 Pf./Min., montags bis freitags, 9 bis 18 Uhr 5 Pf./Min., montags bis freitags, 18 bis 21 Uhr 4 Pf./Min., in der gesamten restlichen Zeit		

Abbildung 17: Preismodell für das modifizierte Produkt starnet

Aufgrund der Erfolge von Anbietern wie beispielsweise Arcor, die ihren Kunden erstmals einen Internet-Zugang ohne Vertragsbindung offerierten, entschied sich das Marketing dazu, mit starnet „by call" gleichzeitig ein zweites Internet-Produkt einzuführen. Der Nutzer wählt sich über eine bestimmte Nummer ein und gelangt sofort in das Internet, wenn die Online-Verbindung hergestellt ist. Bezahlt wird nur die Nutzungszeit, in der die Telefongebühren bereits enthalten sind. Die Abrechnung erfolgt über die Telefonrechnung. Starnet „by call" beinhaltete keine E-mail-Adresse und keine Homepage. Da jedoch keine monatliche Grundgebühr erhoben wurde, keine zusätzlichen Telefongebühren anfielen sowie weder eine Anmeldung noch eine vertragliche Bindung erforderlich waren, positionierte sich dieses Produkt als kostengünstige, schnelle und risikolose Alternative unter den Internet-Zugangsprodukten. Das Preismodell für starnet „by call" veranschaulicht die Abbildung 18.

Tarif	starnet „by call"
Nutzungsgebühr	16 Pf./Min., montags bis freitags, 9 bis 18 Uhr 9 Pf./Min., montags bis freitags, 18 bis 21 Uhr 6 Pf./Min., in der gesamten restlichen Zeit
Taktung	3 Minuten

Abbildung 18: Preismodell für das Produkt starnet „by call"

Relevante Zielpersonen für starnet by call waren zum einen potentielle Onliner, die das Internet kennenlernen wollten, ohne sich sofort vertraglich an einen Provider binden zu müssen. Zum anderen erhielten aktuelle Onliner, die zum Zeitpunkt der Produkteinführung Kunden der Konkurrenz waren, die Möglichkeit, sich von den Vorteilen des Internet-Zugangsproduktes starnet zu überzeugen.

Die kommunikative Umsetzung des neuen Konzeptes erfolgte über Flyer, Broschüren, On-Packs, Banner auf hochfrequentierten Web-Pages sowie mittels Werbung in der Fachpresse. Als kommunikatives Profil sollte eine rebellische und kämpferische Haltung im Dienste des Kundens herausgearbeitet werden. Der ursprüngliche starnet-Slogan „der neue Weg ins Internet" wurde ebenfalls geändert in „Dein Weg ins Internet", um die persönliche Ansprache der Kunden zu verbessern. Die Abbildungen 19 und 20 veranschaulichen beispielhaft die Umsetzung des kommunikativen Konzepts in der Printwerbung.

Eine zentrale Zielsetzung des Produkt-Relaunches für starnet bestand in der emotionalen Ansprache potentieller Kunden, wodurch eine klare Differenzierung gegenüber den Hauptwettbewerbern T-Online, AOL und CompuServe angestrebt wurde. Zu diesem Zweck gestaltete man das Starter Paket mit der CD-ROM sehr aufwendig. Die Farben Rot und Schwarz dominierten, Augen und erotische Motive kamen als aktivierende Reize zum Einsatz. Auf die Darstellung technischer Details wurde zugunsten einer anschaulichen, lifestyleorien-

Abbildung 19: Werbung für das Produkt starnet nach dem Produktrelaunch

Abbildung 20: Werbung für das Produkt starnet „by call"

tierten Darstellung der Internet- Anwendungen (z.B. Surfen, E-Mail, Chatten) weitgehend verzichtet (vgl. Abb. 21 und 22).

Zur Unterstützung der Umpositionierung von starnet organisierte das Marketing eine außergewöhnliche Verkaufsförderungsaktion mit dem Thema „Starnet heilt den Kostenschmerz. Sofort". In Szenekneipen und Diskotheken mehrerer Großstädte verteilten Promotoren, die als Ärzte und Krankenschwestern verkleidet waren, neben den obligatorischen Starter Paketen auch „Internet plus C"-Vitamintabletten unter dem Motto „hilft bei Vitaminmangel und hohen Internetkosten". Internet-Interessierte konnten außerdem im Rahmen eines Preisausschreibens verschiedene Fragen rund um das Internet beantworten und auf diese Weise lukrative Sachpreise gewinnen (z.B. Städtereisen, Fahrräder, Telefone) (vgl. auch Abb. 23).

Insgesamt war der starnet-Relaunch ein Erfolg. Die skizzierten Marketingmaßnahmen führten dazu, daß viel mehr Internet-Interessierte – insbesondere durch die Emotionalisierung des Auftritts – auf starnet aufmerksam wurden und die Botschaft besser verstanden als vorher. Bereits in den ersten drei Monaten nach der Umsetzung des Konzeptes konnten mehr als 20.000 neue Kunden für starnet gewonnen werden. Auch starnet „by call" wurde überraschend gut angenommen.

Abbildung. 21: Emotionale Ansprache neuer Internet-Kunden über das Cover des neuen Starter Paketes mit CD-ROM

Abbildung. 22: Aktivierung potentieller Kunden durch erotische Motive

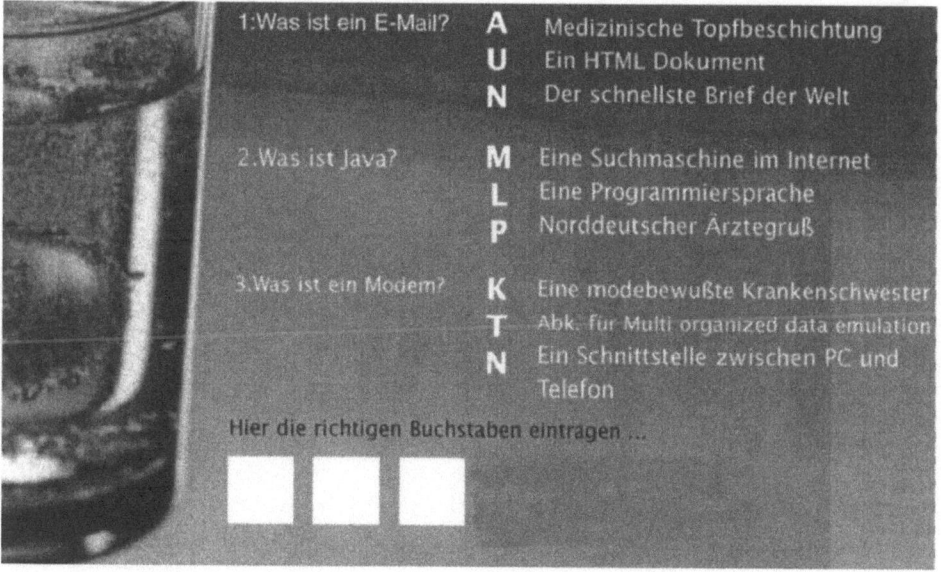

Abbildung 23: Verkaufsförderung mittels Preisausschreibens

Take a Chance

Hi ich bin Anny Way und gehöre zur MATERNA Gruppe. Das ist einer der profiliertesten unabhängigen Anbieter von IT-Solutions, IT-Applications und IT-Services in Deutschland. Mit einem Gruppenumsatz von rund 250 Millionen DM und mehr als 900 Mitarbeitern.

Unter unseren Kunden sind viele der internationalen „Big Player" der Telekommunikation. Zum Beispiel Mannesmann Mobilfunk, E-Plus, Viag Interkom, Mobistar (Belgien), One.Tel (Australien), Telecel (Portugal), Telenor (Norwegen) und tele.ring (Österreich). Wenn du also mal wieder Nachrichten per WAP und SMS durch den Cyberspace jagst, sorge ich dafür, dass es funkt.

Als Spezialistin für Mobile Communications bin ich mit meinem Team innerhalb der MATERNA Gruppe für all diese faszinierenden Technologien zuständig. So gesehen kennen wir uns also schon.

Natürlich suchen wir ständig nach engagierten Newcomern, mit denen wir auch in Zukunft unsere vielen Visionen realisieren können. Wenn du dir vorstellen könntest, dazuzugehören, sollten wir uns näher kennen lernen. E-Mail genügt.

MATERNA · Voßkuhle 37 · 44141 Dortmund · Germany
Telefon (+49) 2 31-55 99 00 · Fax (+49) 2 31-55 99 100
E-Mail: oliver.reich@materna.de · http://www.annyway.de

Eintritt des Anbieters „virtuella" in den Festnetzmarkt

von Jens Böcker

1. Problemstellung

Selten wurden in einen Markt so große Hoffnungen gesetzt, selten hat ein Markt so viele Enttäuschungen verursacht wie der Telekommunikationsmarkt in der Bundesrepublik Deutschland. Quasi in einer Art Goldgräberstimmung hat die Liberalisierung im Festnetz viele Unternehmen zu ambitionierten Engagements in einem – für sie überwiegend unbekannten - Markt bewogen.

Zum Jahreswechsel 1997/1998 erscheinen die Ausgangsbedingungen für einen Eintritt in den Telekommunikationsmarkt optimal zu sein: ein innovativer, dynamischer Markt, von raschen technischen Entwicklungen getrieben und hohen Zuwachsraten geprägt. Zusätzlich ist die Phantasie von der immer weiter fortschreitenden Integration der Märkte für Informationstechnik und Telekommunikation angeheizt. 1997 beträgt das jährliche Volumen des deutschen Telekommunikationsmarktes ca. 80 Mrd. DM. Mit einem Umsatz, der mehr als 80 Prozent des Marktvolumens ausmacht, dokumentiert die Deutsche Telekom ihre marktbeherrschende Stellung. Zu diesem Zeitpunkt stellt sich der Markt für das Telefonieren im Festnetz als ein Monopol der Deutschen Telekom dar. Es zeigen sich für Monopolmärkte typische Erscheinungen: das Preisniveau ist im Vergleich mit anderen internationalen und bereits liberalisierten Märkten geprägt von einer monopolistischen Preispolitik und damit entschieden zu hoch. Das Grundverständnis des Marketing im Sinne einer marktorientierten Unternehmensführung ist demgegenüber wenig ausgeprägt. Der Kunde wird noch nicht als der zentrale Ausgangspunkt für die Ableitung von unternehmerischen Aktivitäten gesehen. Dies wird an dem großen Verbesserungspotential bei den Services bzw. allgemein an dem Grad der Kundenorientierung deutlich.

So ist es nicht weiter verwunderlich, daß mit dem Fall des Monopols das Who´s who der deutschen Wirtschaft in diesem Markt antritt. Mannesmann, RWE, VEBA, Thyssen und VIAG wollen sich die Chance nicht entgehen lassen, eine führende Position bei der Verfolgung der Deutschen Telekom zu erobern. Allgegenwärtig ist zum Zeitpunkt der Liberalisierungseuphorie die Frage, wer in diesem Wettlauf die Nummer 2 im Markt bzw. die Nummer 1 unter den neuen privaten Anbietern wird.

Das Unternehmen virtuella hat von Anfang an eine gute Ausgangsposition, um sich in diesem Rennen zu behaupten. Bei virtuella handelt es sich um ein sogenanntes „start up", d.h. ein neu gegründetes Unternehmen, und zwar mit einer klaren Positionierung im deutschen Festnetzmarkt. Alle unternehmerischen Aktivitäten müssen vom Reißbrett geplant und in die Tat umgesetzt werden: z.B. das Leistungsangebot, die internen und externen Prozesse, das EDV-System, der kommunikative Auftritt, die Rekrutierung der Mitarbeiter. Shareholder aus dem Energiemarkt sorgen für die notwendige finanzielle Ausstattung, um einen neuen Festnetzanbieter im großen Stil aufzubauen. Diese Ausgangslage forciert Phantasien, sich neben der Deutschen Telekom als weiterer erfolgreicher Anbieter im Markt etablieren zu können. Ein wichtiger Vorteil wird durch die Shareholder in technischer Hinsicht eingebracht: die vorhandene Infra- bzw. Leitungsstruktur im Energiebereich kann für den schnellen Aufbau eines Telekommunikationsnetzes für virtuella genutzt werden. So lassen sich beispielsweise Glasfaserleitungen parallel zu Strom- und Gasleitungen legen.

Trotz der erheblichen Anstrengungen im Aufbau eines eigenen Telekommunikaitonsnetzes, zeigt sich, daß das Netz zuerst nur zwischen den wichtigsten deutschen Ballungsgebieten bzw. Städten eingerichtet werden kann. Aus produktpolitischer Sicht ist dieses Netz zunächst für das Angebot von Ferngesprächen (long distance calls) geeignet. Unter technischen Gesichtspunkten fehlt insbesondere die Vernetzung innerhalb der Ballungszentren, was dazu führt, daß das Angebot von Ortsgesprächen der Deutschen Telekom vorbehalten bleibt. Der fehlende direkte Zugang zum Anschluß des Kunden stellt eine wichtige strategische Lücke für virtuella dar. Als Konsequenz ergibt sich, daß weder virtuella noch ein anderer neuer Anbieter in der Lage sein wird, ein nur annähernd so umfassendes Produktportfolio wie die Deutsche Telekom anzubieten. Angesichts dieser technischen Restriktionen konzentriert sich das Angebot der Neuen folglich zunächst auf Ferngespräche. Es ist die Geburtsstunde von Produkten, die der deutsche Markt bis dahin nicht kannte: Preselection und Call by Call.

2. Situationsanalyse

Die nachfolgenden Beschreibungen beziehen sich auf den Zeitraum der Umbruchphase zwischen dem Ende des Monopols (bis Ende 1997) und dem Beginn der Liberalisierung (ab Anfang 1998) im öffentlichen Festnetz.

Eine wichtige Voraussetzung für eine erfolgreiche Liberalisierung sind die entsprechenden gesetzlichen Rahmenbedingungen. Eine eigens eingerichtete Regulierungsbehörde soll den Prozeß der Liberalisierung sicherstellen und für Chancengleichheit zwischen den neuen und dem etablierten Anbieter sorgen. Das marktbeherrschende Unternehmen Deutsche Telekom ist gemäß den Vorgaben der Regulierungsbehörde verpflichtet, das Telekommunikationsnetz für die neuen Anbieter zu öffnen und deren Mitbenutzung zu akzeptieren. Die Preise, welche die neuen Anbieter hierfür an die Deutsche Telekom zu entrichten haben, werden ebenfalls festgelegt. Sie gelten als wettbewerbsfähig und werden als positives Signal für den Wettbewerb interpretiert und von den Marktteilnehmern akzeptiert. Wichtige Parameter für den Markteintritt – Rechts- und Investitionssicherheit – sind somit für die neuen Anbieter gegeben und stellen insgesamt ein günstiges Umfeld für ein Engagement im Festnetzmarkt dar.

2.1. Entwicklung des Festnetzmarktes

Der Markt für Telekommunikationsleistungen wird aufgrund der zunehmenden Kommunikationsbedürfnisse als ausgesprochen attraktiv eingeschätzt. Die Hauptwachstumsimpulse werden vor allem in den Bereichen Mobilfunk und Internet erwartet. In beiden Fällen geht es um die Erschließung neuer Märkte, d.h. die Penetration neuer Technik in einen neuen Markt. Internet und Mobilfunk werden noch auf die nächsten Jahre hinaus zweistellige jährliche Wachstumsraten aufweisen. Anders liegen die Perspektiven im Festnetzmarkt: der Markt befindet sich nahezu vollständig in der Hand des ehemaligen Monopolisten Deutsche Telekom. Im Festnetzmarkt steht somit die Neuverteilung der Marktanteile zwischen der Deutschen Telekom und den neuen Anbietern im Mittelpunkt der marketingstrategischen Überlegungen.

Das Umsatzwachstum für den Festnetzmarkt wird auf zwei bis drei Prozent jährlich geschätzt. Es ist damit deutlich geringer als die prognostizierten Zuwachsraten für den gesamten Telekommunikationsmarkt, die zwischen jährlich sechs bis sieben Prozent liegen. Ursachen für das relativ geringe Wachstum im Festnetz sind zum einen die nahezu vollständige Erschließung des Marktes und zum anderen der erwartete Verfall der Minutenpreise. Preissenkungen erscheinen aus mehreren Gründen unumgänglich:

- Im internationalen Vergleich ist das Preisniveau in Deutschland deutlich höher.

- Die Wettbewerber der Deutschen Telekom werden zunächst versuchen, sich über den Preis zu differenzieren. Das liegt insbesondere an dem Mangel an Differenzierungsmöglichkeiten. Keiner der neuen Anbieter wird sich im Vergleich zur Deutschen Telekom über qualitative Produktmerkmale profilieren können. Die Deutsche Telekom, mit ihrem jahrzehntelangen technischen Vorsprung bei Entwicklung und Betrieb von Telekommunikationsleistungen, wird nach realistischer Einschätzung weiterhin die Rolle des technischen Innovators im Markt beibehalten.

- Basierend auf den Preisstrategien der neuen Wettbewerber werden Preisreaktionen der Deutschen Telekom erwartet.

Von diesen Preissenkungen werden positive Nachfrageimpulse insbesondere bei Fern- und Auslandsgespräche erwartet, da diese Gespräche in der Vergangenheit aus Kundensicht als besonders teuer eingeschätzt wurden. Marktbefragungen im Privatkundenmarkt zeigen, daß bei fallenden Minutenpreisen die Hälfte der Kunden häufiger zum Telefon greifen würde.

Aufgrund von Preis-Absatz-Annahmen geht das virtuella-Management mittelfristig davon aus, daß der positive Volumeneffekt den negativen Preiseffekt überkompensiert. Die Annahmen des Managements gegen Ende 1997 bezüglich der zukünftigen Markt- und Preisentwicklung sind in den Abbildungen 1 und 2 dargestellt.

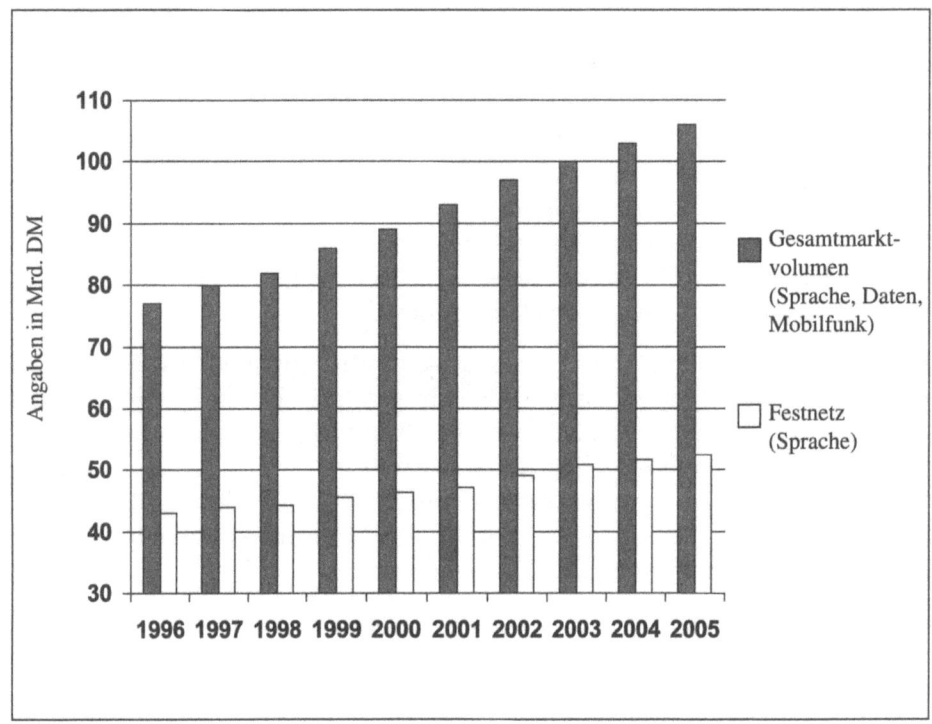

Abbildung 1: Prognose der Entwicklung des deutschen Telekommunikationsmarktes (Stand: Beginn der Liberalisierung, Anfang 1998)

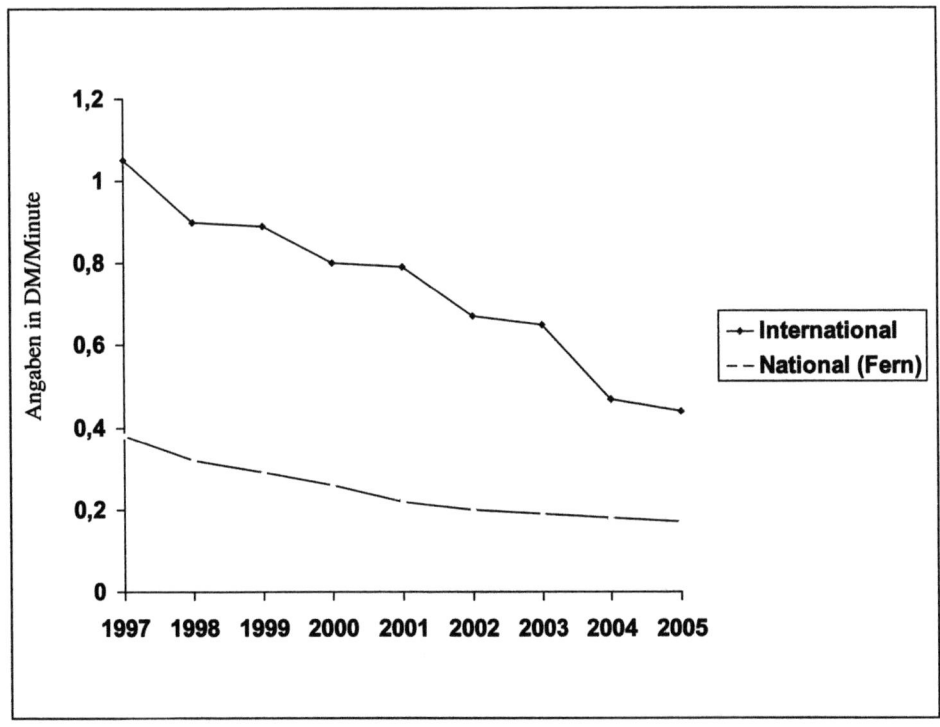

Abbildung 2: Geschätzte Preisentwicklung für internationale Gespräche und nationale Ferngespräche (Stand: Beginn der Liberalisierung, Anfang 1998)

2.2. Marktsegmente

Die Segmentierung des Marktes läßt sich zunächst an einer Trennung zwischen Geschäfts- und Privatkunden festmachen, da sich diese in ihrem Telefonverhalten, Telefonumsatz und ihrer Adressierbarkeit deutlich voneinander unterscheiden. Beide Segmente lassen sich weiter in eine Vielzahl weiterer Subsegmente unterteilen. Zielsetzung einer Segmentierung ist die Identifizierung und Bearbeitung der attraktiven Segmente, d.h. der Marktsegmente mit überdurchschnittlichen Ausgaben für Festnetztelefonie. Ein gängiger Segmentierungsansatz zeigt sich in der nachfolgenden Abbildung 3:

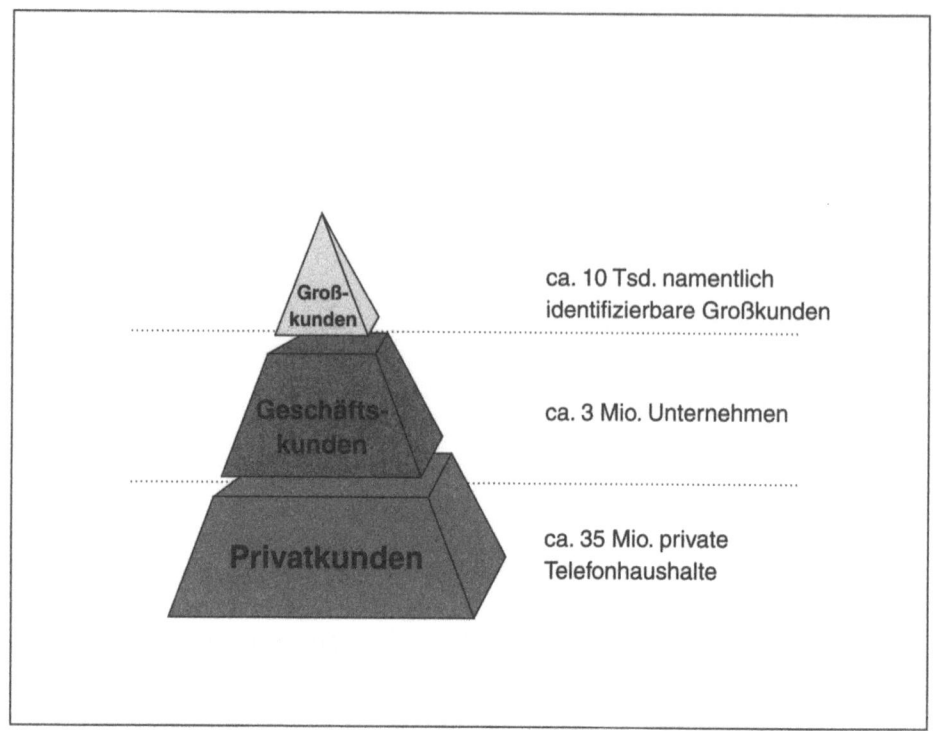

Abbildung 3: Segmentierung des Marktes nach Privat- und Geschäftskunden

Eine weitergehende Analyse der Segmentierungsergebnisse zeigt, daß etwa ein Drittel der drei Millionen Unternehmen zu der Gruppe der Kleinunternehmen bzw. der „Small Offices" zu rechnen ist. Bei den Privatkunden kann festgestellt werden, daß bei zwei bis drei Prozent aller privaten Telefonhaushalte die geschäftliche Nutzung überwiegt. Diese Gruppe wird deshalb als „Home Offices" bezeichnet. Bei differenzierterer Betrachtung des Privatkundenmarktes zeigt sich das in der Abbildung 4 dargestellte Bild.

Die beiden Privatkundensegmente mit den höchsten Telekommunikationsausgaben generieren zwei Drittel des Gesamtumsatzes, enthalten jedoch nur 38 Prozent der Privatkunden. Weiterhin zeigt sich ein wichtiger Zusammenhang zwischen der Höhe der Telekommunikationsausgaben und dem Anteil der Ausgaben für Fern- und Auslandsgespräche. Für Segment A beträgt der Kostenanteil der Auslands- und Ferngespräche ca. 60 Prozent, für Segment D liegt der Anteil lediglich bei ca. 30 Prozent. Demnach gilt: je höher die monatlichen Telekommunikationsausgaben, desto höher der Anteil der Telekommunikationsausgaben für Fern- und Auslandsgespräche. Außerdem läßt sich für Privatkunden mit hohen Telekommunikationsausgaben (insbesondere Segment A, teilweise Segment B) eine signifikante Häufung von Merkmalen wie private PC- und FAX-Ausstattung, ISDN-Anschluß, schnurloses Telefon und Anrufbeantworter feststellen. Außerdem verfügt in dem Segment A bereits mehr als jeder Dritte auch über einen Mobilfunkanschluß. Die weitergehende Segmentierung des Geschäftskundenmarktes ist in der Abbildung 5 dargestellt.

Segmente	Monatliche Festnetzausgaben (inkl. Grundgebühr)	Anteil der Haushalte in Prozent vom Privatkundenmarkt	Umsatzanteil in Prozent vom Privatkundenmarkt
A	≥ 130 DM	12	36
B	70 bis 129,99 DM	26	30
C	40 bis 69,99 DM	40	25
D	< 40 DM	22	9

Abbildung 4: Segmentierung des Privatkundenmarktes

Segmente	Monatliche Festnetzausgaben (inkl. Grundgebühr)	Anteil der Unternehmen in Prozent vom Geschäftskundenmarkt	Umsatzanteil in Prozent vom Geschäftskundenmarkt
A	≥ 70 TDM	0,4	11
B	13 – 69,99 TDM	0,6	14
C	3 – 12,99 TDM	4	24
D	0,5 – 2,99 TDM	35	37
E	< 0,5 TDM	60	14

Abbildung 5: Segmentierung des Geschäftskundenmarktes

Obwohl sie nur ein Prozent aller Unternehmen in Deutschland ausmachen, generieren die beiden ausgabenstärksten Segmente ein Viertel des Marktvolumens für Geschäftskunden. Der Anteil der Telekommunikationsausgaben für Fern- und Auslandsgespräche ist mit 50 bis 75 Prozent ausgesprochen hoch. Je höher die monatlichen Ausgaben, desto höher ist jedoch auch der Anteil der Kosten für Auslandsgespräche. Ein Großteil der Kunden aus den ausgabenstarken Segmenten verfügt bereits über ISDN-Technologie in Form von ISDN-Basisanschlüssen und ISDN-Primärmultiplexanschlüssen. Als wichtige Leistungsmerkmale werden in der Festnetzkommunikation beispielsweise Rufnummernanzeige, Anrufweiterschaltung und Gebührenanzeige identifiziert.

Die Marktforschung von virtuella begleitet den Markteintrittsprozess mit Befragungen von potentiellen Kunden. Dabei zeigt sich bei der Analyse der Wechselbereitschaft von Privat- und Geschäftskunden tendenziell ein stärkerer Wechselwille bei den gewerblichen Nutzern. Ein günstigeres Preisniveau im Vergleich zur Deutschen Telekom ist mit Abstand der wichtigste Wechselgrund. Kundenbetreuung bzw. Service ist für einen Wechsel zwar ebenfalls ein wichtiges Kriterium, reicht als alleiniger Grund in der Regel jedoch nicht aus.

Bereits im Vorfeld der Liberalisierung konnte die wichtigste Wechselbarriere abgebaut werden: die Änderung der Rufnummer bei einem Wechsel zu einem neuen Telekommunkationsanbieter. Gerade für Geschäftskunden wäre ein Wechsel der Rufnummern nicht akzeptabel und somit ein guter Grund, bei der Deutschen Telekom zu bleiben. Eine Übersicht über die wichtigsten Wechselgründe gibt die nachfolgende Abbildung 6, die auf einer Befragung von Geschäfts- und Privatkunden kurz vor dem Fall des Monopols beruht.

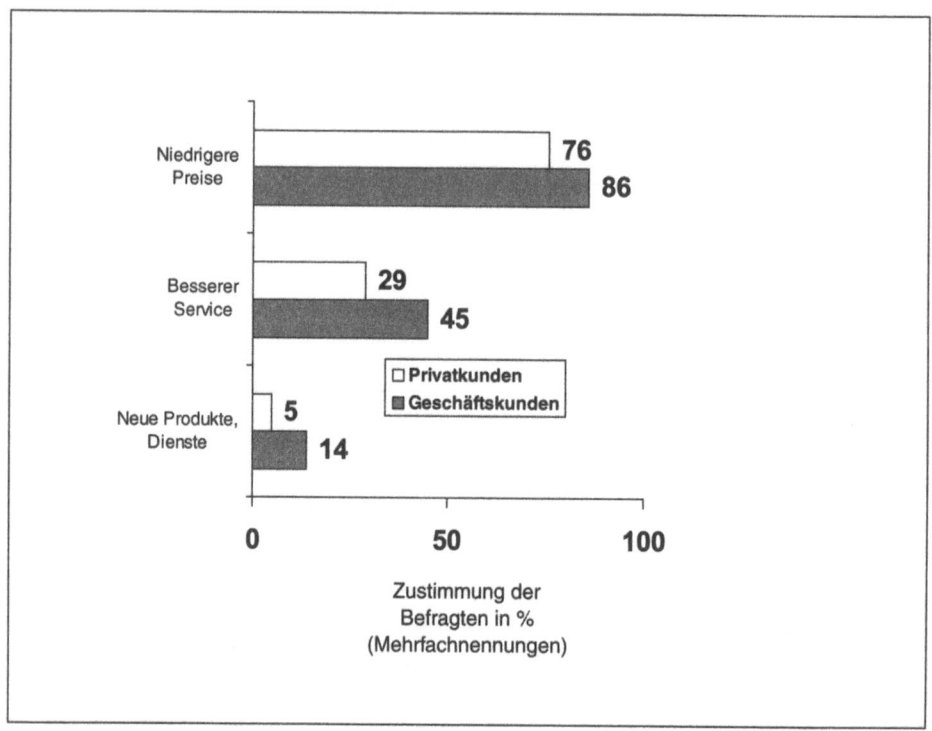

Abbildung 6:   Gründe für den Wechsel zu einem anderen Festnetzanbieter

Trotz dieser – zumindest theoretisch – hohen Wechselbereitschaft äußern viele der Befragten Bedenken hinsichtlich der technischen Kompetenz und technischen Zuverlässigkeit der neuen Telekommunikationsanbieter. Wie sich noch herausstellen wird, sind diese Befürchtungen durchaus begründet: nahezu jeder neue Telekommunikationsanbieter hat in der Anfangsphase mit technischen Problemen, insbesondere mit temporären Kapazitätsengpässen, zu kämpfen. Das äußert sich beispielsweise durch Besetztzeichen, die der Anrufer bekommt, obwohl der Angerufene nicht telefoniert. Ärgerlich sind außerdem Probleme im Zusammenhang mit der Telefonrechnung: teilweise bekommen Kunden ihre Rechnungen mit erheblicher Verspätung, teilweise werden fehlerhafte Abrechnungen erstellt.

2.3. Vertriebskanäle

Entscheidenden Einfluß auf den erfolgreichen Eintritt in den Festnetzmarkt hat die Auswahl möglichst effizienter Vertriebskanäle. Schon im Mobilfunkmarkt hatte sich gezeigt, wie wichtig diese marketingpolitische Entscheidung ist und welchen Einfluß die Distribution auf die Gewinnung von Neukunden und von Marktanteilen hat.

Vertriebswege	Adressierung von	
	Privatkunden	Geschäftskunden
Eigene Shops	hohe Bedeutung	keine Bedeutung
Fachhändler/Systemhäuser	mittel-hoch	mittel-hoch
Reseller/Service Provider	hohe Bedeutung	mittel-hoch
Telesales	hohe Bedeutung	mittel
Außendienst	keine Bedeutung	hohe Bedeutung
Strukturvertrieb	mittel	mittel

Abbildung 8: Affinität der Vertriebswege zur Adressierung von Privat- und Geschäftskunden

Die Deutsche Telekom verfügt neben eigenen Shops – den T-Punkten – über eine eigene umfangreiche Vertriebsorganisation zur Akquisition und Betreuung von Kunden. Indirekte Vertriebskanäle haben für die Deutsche Telekom eher eine untergeordnete Bedeutung. Die neuen Anbieter im Festnetz müssen im Gegensatz dazu ihre Vertriebsstrategie grundsätzlich neu definieren. Die wichtigsten strategischen Überlegungen sowie die Bewertung verschiedener Alternativen gehen aus den Abbildungen 8 und 9 hervor.

Die Abbildungen machen deutlich, wie unterschiedlich die Vertriebswege zur Bearbeitung des Privat- und Geschäftskundenmarktes geeignet sind. Sofern also beide Marktsegmente strategisch anvisiert werden, bedeutet das für einen neuen Anbieter, daß er sich auf der Vertriebsseite auf ein ganzes Bündel unterschiedlicher Partner einstellen muß.

2.4. Technische Realisierbarkeit neuer Produkte

Das virtuella-Management sieht sich aus technischer Sicht mit folgender Ausgangssituation konfrontiert: Der Aufbau eines eigenen Netzes ist zunächst nur im Fernbereich, d.h. zwischen den Städten mit deren Ortsvermittlungsstellen, möglich. Die Telekommunikationskabel können dabei relativ zügig entlang von bestehenden Strom- und Gasleitungen verlegt werden. Mit einem derartigen Netz ist virtuella jedoch lediglich in der Lage, Regional-, Fern- und Auslandsgespräche für Kunden abzuwickeln. Ein Anbieter, der über dieses Netz verfügt, wird als Verbindungsnetzbetreiber bezeichnet. Demgegenüber verfügt ein Teilnehmernetzbetreiber über den direkten Anschluß von einer Ortsvermittlungsstelle bis zum Kunden. Ein Teilnehmernetzbetreiber ist somit in der Lage, die Ortsgespräche eines Kunden zu übernehmen. Da virtuella nicht über diese direkten Anschlüsse zum Kunden verfügt, kann kein Angebot von Ortsgesprächen erfolgen.

Für die Kunden bedeutet diese Tatsache konkret, daß die Ortsgespräche bei der Deutschen Telekom verbleiben und alle übrigen Gespräche (d.h. alle Gespräche die mit einer „0..." beginnen) über virtuella geführt werden. Für die Abwicklung der Regional-, Fern- und Auslandsgespräche bieten sich für virtuella technisch zwei Alternativen an: Preselection und Call by Call. Die Leitung der Netztechnik von virtuella bietet dem Management unterschiedliche Möglichkeiten bei der Produkteinführung an: a) separate Einführung von Preselection, b) separate Einführung von Call by Call und c) kombinierte Produkteinführung von Preselection und Call by Call.

Vertriebskanal	Beschreibung	Vorteile	Nachteile
Eigene Shops	Aufbau eigener Verkaufsstellen mit exklusiver Vermarktung der eigenen Produkte und Dienstleistungen	• Direkte Steuerungsmöglichkeiten • Gute Publicity; Shop auch als kommunikatives Instrument geeignet	• Hohe Kosten • Aufwendige Akquisition der Standorte • Sortimentslücken
Fachhändler/ Systemhäuser	Auswahl geeigneter Vertriebspartner, die die neuen Produkte und Dienstleistungen in das bestehende Sortiment integrieren	• Große Flächendeckung • Nutzung bestehender Strukturen und Kundenverhältnisse	• Hoher Schulungsbedarf der Vertriebspartner • Geringe Steuerungsmöglichkeiten
Reseller / Service Provider	Vertriebspartner, die bestimmte Funktionen wie Billing und Customer Care übernehmen	• Entlastung eigener Ressourcen insbes. in der Aufbauphase • Schnelle Markterschließung	• Wettbewerb zu eignen direkten und indirekten Vertriebskanälen
Telesales	Telefonische Akquisition von Kunden	• Kostengünstig	• Telesales bisher wenig etabliert, insbesondere im Privatkundensegment
Außendienst	Akquisition von Kunden durch eigene Außendienstmitarbeiter	• Gute Steuerungsmöglichkeiten	• Kostenintensiv • Zeitintensiver Aufbau der Vertriebsmannschaft
Strukturvertrieb	Akquisition von Kunden durch Agenten	• Erfolgreicher Vertriebskanal in den USA für TK-Produkte	• Schwierige Qualitätskontrolle • Kein eigener Kundenkontakt • Eventuell Negativimage als Drückerkolonne

Abbildung 9: Alternative Vertriebskanäle und deren Bewertung

2.4.1. Preselection

Preselection bedeutet die feste Voreinstellung des Teilnehmeranschlusses in der Ortsvermittlungsstelle. Mit anderen Worten: alle Gespräche, die mit einer „0..." beginnen, werden automatisch über den fest voreingestellten Anbieter virtuella als Verbindungsnetzbetreiber geführt.

Bei dem Produkt „Preselection" wird ein Vertragsverhältnis zwischen virtuella und dem Kunden geschlossen. Die Erfassung und Bearbeitung eines schriftlichen Auftrages ist also obligatorisch. Die Preselection-Gespräche werden von dem Verbindungsnetzbetreiber virtuella, die Ortsgespräche von dem Teilnehmernetzbetreiber Deutsche Telekom in Rechnung gestellt. Der Kunde erhält zwei Telefonrechnungen und hat demnach auch zwei Ansprechpartner bezüglich Rechnung, Service, Netzstörungen etc.

Call by Call-Gespräche mit anderen Anbietern (siehe hierzu die Erläuterungen im nachfolgenden Absatz) können trotz der festen Voreinstellung weiterhin geführt werden.

2.4.2. Call by Call

Bei Call by Call-Gesprächen entscheidet sich der Kunde vor dem Gespräch für einen Anbieter (Verbindungsnetzbetreiber). Voraussetzung ist die Wahl einer fünfstelligen Netzvorwahl vor der eigentlichen Rufnummer des gewünschten Teilnehmers. Zwei verschiedene Call by Call-Formen lassen sich unterscheiden: (1) Geschlossenes Call by Call: Für die Nutzung von Call by Call muß sich der Kunde zunächst bei dem Anbieter registrieren lassen. Der Kunde ist damit dem Anbieter bekannt und bekommt von diesem die monatliche Rechnung. (2) Offenes Call by Call: Die Nutzung von Call by Call ist ohne jede Anmeldung bzw. Registrierung möglich. Beim offenen Call by Call ist der Kunde dem Anbieter nicht bekannt. Die Rechnung kann also nicht vom Call by Call-Anbieter geschickt werden. Die Abrechnung erfolgt hierbei über die Rechnung der Deutschen Telekom, die – gegen Entgelt - das Inkasso für den Call by Call-Anbieter übernimmt.

Der Nachteil beider Varianten ist die fehlende Möglichkeit zur Abwicklung von Ortsgesprächen. Für die Übernahme dieser Gespräche durch einen neuen Anbieter ist dessen unmittelbarer Anschluß an das Netz des neuen Anbieters erforderlich. Man spricht hier vom Local Loop oder von der letzten Meile zum Kunden. Neben virtuella prüfen auch weitere neue Anbieter zum Zeitpunkt der Marktliberalisierung verschiedene technische Alternativen zur Realisierung des Local Loop. Im Gespräch sind Technologien wie DECT, Mobilfunk, Richtfunk, Power Line und die Übernahme der bestehenden Anschlußleitungen von der

Deutschen Telekom (diese Variante wird auch als der „entbündelte Zugang" bezeichnet). Die Übernahme der Leitung von der Deutschen Telekom ist technisch naheliegend, da in diesem Fall keine neue Infrastruktur aufgebaut werden muß. Allerdings besteht keine Einigung zwischen der Deutschen Telekom und den neuen Anbietern über die hierfür notwendigen Prozesse und Kosten, was die schnelle Umsetzung dieser Anschlußvariante unmöglich macht. Nach internen virtuella-Schätzungen, wird frühestens ein bis zwei Jahre nach dem Start der Liberalisierung mit einer Erweiterung des Produktangebotes um Ortsgespräche gerechnet.

Die aufgeführten Lösungen gelten vor allem für Privatkunden als viel zu kostenintensiv und werden vom virtuella-Management schnell verworfen. Für Geschäftskunden wird in Einzelfällen eine Lösung zur Überbrückung der letzten Meile gefunden, beispielsweise durch Aufbau einer Richtfunkverbindung oder Verlegung einer Anschlußleitung. Voraussetzung für einen direkten Anschluß ist jedoch ein hohes monatliches Telekommunikationsvolumen von über 10.000 DM.

2.4.3. Calling Card

Neben den aufgeführten Varianten steht virtuella eine weitere produktpolitische Option offen: das Angebot der Calling Card. Dabei handelt es sich um ein technisch relativ unkompliziertes Produkt, welches vergleichsweise schnell im Markt eingeführt werden kann. Die Vorlaufzeit für die Produkteinführung wird auf lediglich zwei Monate geschätzt. Die Calling Card ist eine Telefonkarte, die sowohl national als auch international von nahezu jedem Telefonanschluß aus eingesetzt werden kann. Möglich ist dieser Service mit einer Calling Card Plattform, einem in das Telekommunikationsnetz integrierten Computer. Der Nutzer wählt sich mittels einer kostenlosen Zugangsnummer auf der Calling Card Plattform ein und wird nach Eingabe eines PIN-Code identifiziert. Anschließend wird die Nummer des gewünschten Telefonanschlusses angewählt. Die Abrechnung der Telefongespräche erfolgt entweder nach Nutzung des Dienstes durch Zusendung einer monatlichen Rechnung (kontogebundene Karte) oder durch den Kauf einer Prepaid Karte, mit der ein definierter Betrag abtelefoniert werden kann. Im ersten Fall muß selbstverständlich eine Anmeldung erfolgen und es müssen die Kundendaten zur Abrechnung vorliegen.

In Deutschland führt zum Zeitpunkt der Liberalisierung die Calling Card – auch die Variante der Deutschen Telekom – trotz einiger Werbeanstrengungen ein Schattendasein. Der Hauptgrund hierfür ist sicherlich die schnelle Penetration von mobilen Telefonen, welche die Nutzung von Calling Cards weitgehend überflüssig machen. Ganz anders stellt sich die Situation in den USA dar:

Calling Cards werden regelmäßig genutzt und sind aus den Geldbörsen der meisten Amerikaner nicht mehr wegzudenken.

2.5. Strategische Positionierung der Deutschen Telekom

Die Deutsche Telekom nimmt zum Zeitpunkt der Liberalisierung die Rolle eines Global Player ein: sie verfügt zum einen über eines der am besten ausgebauten und modernsten Telekommunikationsnetze in Europa. Im Punkt Digitalisierung der Netztechnik und Vermarktung von ISDN-Anschlüssen verfügt die Deutsche Telekom über eine Spitzenstellung. Das Leistungsspektrum umfaßt mehrere tausend Produkte mit den Schwerpunkten Sprach- und Datenkommunikation, Mobilfunk und Internetdienste. Wie für monopolistische Marktsituationen typisch, ist die Entwicklung vieler Produkte technikgetrieben. Im Vordergrund bei der Entwicklung neuer Produkte stehen häufig die technischen Realisierungsmöglichkeiten: d.h., erst nach Fertigstellung der Produkte werden die Kundensegmente definiert. Defizite lassen sich hinsichtlich der marktorientierten Entwicklung von Produkten feststellen, bei denen die Kundenbedürfnisse Ausgangspunkt für produktpolitische Überlegungen sind. Trotz erheblicher Anstrengungen im Service und bei der Kundenbetreuung werden der Deutschen Telekom zum Zeitpunkt der Liberalisierung sowohl von Privat- als auch von Geschäftskunden deutliche Verbesserungsmöglichkeiten bescheinigt.

Um den drohenden Preisvergleich mit den neuen Wettbewerbern zu erschweren, hat die Deutsche Telekom gut ein Jahr vor der Liberalisierung ein neues Tarifsystem im Festnetz eingeführt. Es zeichnet sich durch eine Vielzahl von Zeit- und Regionalzonen aus. So existieren allein für nationale Telefongespräche fünf Zeit- und vier Regionalzonen (vgl. Abb. 10). Die Preise werden pro Takteinheit (1 Takt = 0,12 DM) kommuniziert und erschweren damit den Vergleich mit anderen Tarifmodellen, die auf Preisen pro Gesprächsminute basierten.

	Zeitzone				
Entfernungszone	0 bis 2 Uhr; 21 bis 24 Uhr	2 bis 5 Uhr	5 bis 9 Uhr; 18 bis 21 Uhr	9 bis 12 Uhr	12 bis 18 Uhr
City (< 20 km)	240 Sek.	240 Sek.	150 Sek.	90 Sek.	90 Sek.
Region 50 (< 50 km)	60 Sek.	120 Sek.	45 Sek.	26 Sek.	30 Sek.
Region 200 (≤ 200 km)	36 Sek.	120 Sek.	22,5 Sek.	14 Sek.	14 Sek.
Fern (> 200 km)	30 Sek.	120 Sek.	21,5 Sek.	12 Sek.	13,5 Sek.

Abbildung. 10: Tarifmodell der Deutschen Telekom zum 1.1.1998 (Darstellung der Taktlängen, Preis pro Takt: 0,12 DM)

Bearbeitet werden von der Deutschen Telekom alle Segmente im Bereich der Privat- und Geschäftskunden. Das Angebotsspektrum reicht vom einfachen analogen Telefonanschluß bis zu maßgeschneiderten komplexen Telekommunikationslösungen, bei denen verschiedene Hardware-, Software- und Dienstleistungskomponenten kombiniert werden. In der Regel umfassen diese Systemlösungen verschiedene Sprach- und Datenprodukte sowie verschiedene Services (Projektierung, Garantien, technischer Service, Hotline etc.).

Parallel zum Prozeß der Liberalisierung beginnt die Deutsche Telekom stärker denn je mit der Kommunikation des eigenen Markennamens. Das Image – bisher eher technokratisch und bürokratisch aufgeladen – soll zukünftig mit positiven Attributen wie Modernität, Qualität und fairem Preis-/Leistungsverhältnis besetzt werden. Hierzu wird sowohl eine Imagekampagne durch Werbung in verschiedenen Medien als auch eine offensive Sponsoringstrategie im Sport (Radrennen, Basketball etc.) umgesetzt.

3. Aufgaben

Das Ziel ist es, für virtuella eine umfassende Markteintrittsstrategie zum Zeitpunkt der Liberalisierung des deutschen Telekommunikationsmarktes zu entwickeln. Sie sind Mitglied des virtuella-Marketing-Managements, das nach detaillierter Analyse der zur Verfügung stehenden Informationen wichtige Entscheidungen treffen muß:

(1) Treffen Sie die Entscheidung, welche Segmente im Privat- und Geschäftskundenmarkt von virtuella bearbeitet werden sollen! Begründen Sie Ihre Entscheidung und leiten Sie daraus eine segmentspezifische Vorgehensweise ab!

(2) Treffen Sie eine Entscheidung, welche Variante der Marktstimulierungsstrategie Sie implementieren wollen! Denken Sie daran, daß der Festnetzmarkt unter Monopolbedingungen bereits erschlossen ist! Es geht um eine Neuverteilung bzw. Umverteilung der bestehenden Kunden von der Deutschen Telekom zugunsten von virtuella. Wägen Sie die Vor- und Nachteile beider strategischen Alternativen ab und begründen Sie Ihre Entscheidung!

(3) Treffen Sie eine Entscheidung, welche Variante der Timing-Strategie (Pionier oder Follower) Sie implementieren wollen! Angesichts des Falls eines Monopols und angesichts der attraktiven Wachstumsperspektiven für den Telekommunikationsmarkt kommt der Frage nach dem Zeitpunkt des Markteintritts – dem sogenannten strategischen Timing – eine besondere Bedeutung zu. Denken Sie daran, daß das Timing zum einen Auswirkungen auf die Wahrnehmung des Anbieters aus Kundensicht und zum anderen Auswirkungen auf die Umsetzung von Erfahrungskurvenvorteilen (bei

Netzmanagement, Billing, Customer Care etc.) hat! Begründen Sie Ihre Entscheidung!

(4) Positionieren Sie erfolgversprechende Telekommunikationsprodukte und beachten Sie dabei die Ausrichtung des Hauptwettbewerbers Deutsche Telekom! Begründen Sie Ihre Überlegungen! Denken Sie hierbei insbesondere an die Positionierung des wichtigsten Wettbewerbers Deutsche Telekom! Für alle neuen Anbieter ist dieses Unternehmen in fast allen Funktionsbereichen und Geschäftsfeldern die entscheidende Benchmark. Preispolitische Entscheidungen müssen dabei nur insoweit skizziert werden, daß die entscheidenden Konturen erkennbar sind. Die Ausarbeitung konkreter Tarifvorschläge und Minutenpreise ist zur Lösung der Aufgabe nicht erforderlich.

(5) Entwerfen Sie ein Distributionskonzept für den neuen Telekommunikationsanbieter virtuella, und begründen Sie die Auswahl der Vertriebskanäle! Bedenken Sie dabei, daß die Ausgestaltung des Distributionskonzeptes entscheidend von der für den neuen Festnetzanbieter gewählten Markteintrittsstrategie abhängt! Sowohl die Produkte als auch die zu bearbeitenden Kundensegmente beeinflussen die Auswahl der Vertriebskanäle. Denken Sie auch daran, daß die von Ihnen gewählten Vertriebskanäle mit einer permanenten technisch-dynamischen Entwicklung konfrontiert sind und hier gegebenenfalls flexibel reagieren müssen!

(6) Entwerfen Sie ein Kommunikationskonzept für den neuen Telekommunikationsanbieter virtuella. Skizzieren Sie die kommunikationspolitischen Entscheidungen soweit, daß Ihre Ideen insbesondere hinsichtlich Branding, Gestaltung der zentralen Werbebotschaften und der Mediawahl deutlich werden! Berücksichtigen Sie in dem Kommunikationskonzept den in der Aufgabe 1 gewählten Segmentierungsansatz!

4. Marketingtheoretische Einordnung der Fallstudie

4.1. Marketingstrategien

Ausgehend von der dargestellten Situationsanalyse zu Beginn der Liberalisierung geht es bei der vorliegenden Fallstudie insbesondere um die Festlegung der marketingtstrategischen Grundausrichtung für den Telekommunikationanbieter virtuella.

Marketingstrategien legen für Unternehmen den notwendigen Handlungsrahmen fest. In diesem Sinne sind sie Grundsatzregelungen mit einer mittel- bis langfristigen Orientierung bei der Auswahl und Bearbeitung des Absatzmarktes. Sie stellen sicher, daß alle operativen Marketingmaßnahmen entsprechend der Zielsetzung des Unternehmens eingesetzt werden.

Angesichts der skizzierten Aufgaben betreffen wichtige Aspekte im Rahmen der strategischen Überlegungen a) die Festlegung der Marktparzellierung, b) die Art der Marktstimulierung und c) das Timing bzw. den Zeitpunkt des Markteintritts.

4.1.1. Marktparzellierungsstrategie

Bei der Definition der Marktparzellierungsstrategie wird die Art bzw. der Grad der Differenzierung bei der Bearbeitung des Marktes festgelegt, in dem ein Unternehmen tätig werden will.

In der Marketingliteratur werden im Rahmen der Marktparzellierung die Ansätze Massenmarketing und Marktsegmentierung unterschieden. Beim Massenmarketing (undifferenziertes Marketing) werden die unterschiedlichen Kundenbedürfnisse nicht berücksichtigt und es erfolgt quasi eine Gleichbehandlung aller Kunden. Der Ansatz der Marktsegmentierung läßt sich hingegen folgendermaßen charakterisieren: Der Gesamtmarkt wird in verschiedene Marktsegmente aufgeteilt, und diese Aufteilung beruht darauf, in sich homogene und untereinander heterogene Segmente bezüglich des Nachfrage- bzw. Einkaufsverhaltens zu bilden. Erst die homogene Struktur der definierten Segmente ermöglichst den zielgerichteten Einsatz des Marketinginstrumentariums. Als Grundlage für die Bildung von Marktsegmenten werden zentrale Marktdaten und Informationen über das Nachfragerverhalten sowie über vorhandene Nachfragestrukturen herangezogen.

Die Auswahl bestimmter Marktsegmente ist eine der grundlegenden strategischen Entscheidungen. Ihre Relevanz ergibt sich aus der Tatsache, daß Unternehmen in der Regel nicht über die notwendigen Fähigkeiten und Ressourcen verfügen, alle Teilmärkte bzw. alle Ziel-/Kundengruppen zu bedienen. Werden nur ausgewählte Marktsegmente bearbeitet, spricht man von partialer Marktabdeckung. Werden demgegenüber alle identifizierten Marktsegmente adressiert, wird das als totale Marktabdeckung bezeichnet.

4.1.2. Marktstimulierungsstrategie

Die definierten Geschäftsfelder bilden anschließend den Ausgangspunkt für die Marktstimulierungsstrategie. Dabei wird die Art und Weise der Marktbeeinflussung festgelegt bzw. entschieden, inwiefern komparative Konkurrenzvorteile im Wettbewerb herausgestellt werden können. Prinzipiell bieten sich zwei Alternativen an: zum einen die Präferenzstrategie und zum anderen die Preis-Mengen-Strategie. Häufig setzen Unternehmen entweder die eine oder die andere strategische Alternative um. Eine Kombination zwischen der Präferenz- und der Preis-Mengen-Strategie ist jedoch ebenfalls möglich.

Das Charakteristische der Präferenzstrategie besteht darin, unter Einsatz aller nicht-preislichen Aktionsparameter durch den Aufbau von Nutzenvorteilen einen komparativen Konkurrenzvorteil zu erringen. Diese Strategie führt zu einer mehrdimensionalen Präferenzbildung, die darauf abzielt, nicht nur die Grundbedürfnisse sondern auch die Zusatzbedürfnisse von Nachfragern zu befriedigen. Geeignet für die Präferenzstrategie sind alle relevanten Kaufkriterien aus Sicht der Nachfrager: Qualität, Garantie, Beratung, Marke etc. Die Präferenzstrategie wird häufig als Hochpreis- bzw. Markenartikelkonzept verstanden. Im Mittelpunkt steht ein qualitativ hochwertiges Produkt zu einem vergleichsweise hohen Preis. Die Aufgabe für das Marketing eines Unternehmens, welches die Präferenzstrategie konsequent umsetzt, ist es, aus Kundensicht die hohe Preisstellung zu rechtfertigen. Grundlage ist hierfür der Aufbau einer Marke in Verbindung mit geeigneten hervorgehobenen Produktmerkmalen. Prinzipiell geht man im Marketing davon aus, daß es in jedem Markt Nachfrager bzw. Zielgruppen für derartige präferenzorientierte Angebote gibt. In Telekommunikationsmärkten werden häufig Aktionsparameter wie Service, Marke, innovative Produkte für den Prozess der Präferenzbildung herangezogen.

Die Preis-Mengen-Strategie als zweite Ausprägung der Marktstimulierungsstrategie stellt den aggressiven Einsatz der preis- und konditionenpolitischen Mittel in den Vordergrund. Typischer Ausdruck dieser Strategie ist somit ein vergleichsweise günstiger Angebotspreis, mit dem in erster Linie die sogenannten „Preiskäufer" angesprochen werden sollen. Der Einsatz anderer marketingpolitischer Instrumente (z.B. Kommunikation) wird bewusst zurückgestellt, was zu einer eindimensionalen Präferenzbildung führt. Die Bildung von Preispräferenzen gilt jedoch als recht instabil, weil sich Nachfrager an den Angeboten anderer Wettbewerber orientieren, sobald diese mit günstigeren Angeboten auf den Markt kommen. Aus Unternehmenssicht ist zu berücksichtigen, wie leicht bzw. wie problematisch für den Kunden der Wechsel vom einen zum anderen Wettbewerber ist. Tendenziell sind die Wechselbarrieren in der Telekommunikation eher niedrig anzusetzen, da technisch gesehen ein Wechsel schnell und für den Kunden (bis auf die Telefonkosten!) zunächst nicht spürbar ist. Ziel der Preis-Mengen-Strategie ist einerseits die Erarbeitung von komparativen Konkurrenzvorteilen durch eine permanente Kostenreduktion und andererseits die Realisierung eines relativ hohen Marktanteils. Voraussetzung für eine erfolgreiche Preis-Mengen-Strategie ist die konsequente Nutzung von Erfahrungskurvenvorteilen. Diese Variante der Marktstimulierungsstrategie wird auch als Niedrigpreis- bzw. Discountkonzept bezeichnet.

4.1.3. Timing-Strategie

Im Mittelpunkt der Timing-Strategie steht die Planung und Realisierung des Zeitpunktes, zu dem der Markteintritt für ein Produkt erfolgt. Ein wettbewerbsstrategischer Vorteil hängt nicht nur von einer spezifischen Leistung, sondern ganz wesentlich vom Zeitpunkt der Markteinführung ab. Besondere Bedeutung haben Entscheidungen über den Zeitpunkt des Markteintritts in jungen, schnell wachsenden Märkten. Die Zeit ist häufig der entscheidende Erfolgsfaktor, weil gerade diese Märkte das Phänomen der „Zeitfalle" aufweisen. Bisweilen reicht die Produktlebensdauer nicht aus, um die hohen Entwicklungskosten und Anfangsinvestitionen zur Markterschließung zu amortisieren. Das Phänomen der Zeitfalle verschärft sich zusätzlich durch einen starken Preisverfall, der insbesondere in technisch geprägten Märkten (Computerhardware, Internetdienste etc.) immer wieder vorzufinden ist.

Die wichtigsten Ausprägungen der Timing-Strategie sind die des Pioniers und des Followers. Der Pionier ist insofern von den Followern abgrenzbar, da dieser das eindeutig erste bestimmbare Unternehmen im Markt ist. Pioniere besitzen einen erheblichen Spielraum bei der Gestaltung des Marktes. Sie verfügen über ein hohes Chancenpotential, beispielsweise bei der Schaffung von Standards, bei der Umsetzung einer Hochpreispolitik und bei dem Aufbau der Markenpositionierung bzw. der Wahrnehmung des Unternehmens aus Kundensicht. Zusätzlich werden von Pionieren Erfahrungskurvenvorteile bei Technik und Marketing genutzt, die zu einem dauerhaften Vorsprung vor den Followern führen können.

4.2. Marketing-Mix

Abgeleitet aus den strategischen Vorgaben werden die konkreten Maßnahmen innerhalb des Marketing-Mix festgelegt. Das Marketing-Mix umfaßt die vier zentralen zur Verfügung stehenden operativen Aktionsparameter bzw. Instrumente. Im einzelnen sind das die Bereiche Produkt-, Preis-, Kommunikations- und Distributionspolitik. Entscheidend für den gewünschten Markterfolg ist dabei die optimale Koordination dieser Instrumente. Denn die Wirkungsweise der einzelnen Instrumente wird vom Kunden nicht isoliert, sondern im Zusammenspiel wahrgenommen.

Die Produktpolitik bezieht sich auf die eigentliche Produktqualität, worunter in erster Linie die Festlegung bzw. die Variation der Produkteigenschaften, die Gestaltung des Produktäußeren und die Markenbildung zu verstehen sind. Ferner sind die Entwicklung bzw. die Weiterentwicklung elementare Bestandteile der Produktpolitik. Die Kombination von Produkten und Dienstleistungen zu integrierten Leistungsbündeln zählt ebenso in diesen Bereich des Marketinginstrumentariums.

Die Preispolitik umfaßt primär die erstmalige Festsetzung und spätere Modifizierung von Preisen. Zu den preispolitischen Maßnahmen zählen ebenfalls verschiedene Möglichkeiten der Preisdifferenzierung, Preisempfehlungen, die Rabattgewährung, die Gestaltung von Zahlungsbedingungen sowie die Kreditgewährung. Die Preispolitik ist für Telekommunikationsprodukte von besonderer Bedeutung. Der Grund hierfür ist, darin zu sehen, daß häufig eine Beurteilung der Produkte aus Sicht der Kunden zunächst über den Tarif erfolgt.

Die Distributionspolitik umfaßt die Auswahl der Absatzwege und der Absatzorgane sowie die physische Distribution (Logistik). Die Organisation und das Management des Vertriebs sind ebenfalls zentrale Überlegungen im Rahmen der Distributionspolitik. Bei der Erschließung des Mobilfunkmarktes hat sich gezeigt, wie wichtig die Zusammenarbeit mit den wichtigsten Vertriebspartnern für die Erreichung der gesteckten Marketing- und Vertriebsziele ist. So beruht beispielsweise der Erfolg von debitel, des größten deutschen Mobilfunk Service Providers, im wesentlichen auf der engen Zusammenarbeit mit der Metro AG. Der Zugang zu wichtigen Vertriebskanälen (Media Markt, Saturn, Metro C&C etc.) ist durch diese Kooperation gewährleistet.

Zu der Kommunikationspolitik zählen die Instrumente Werbung, Verkaufsförderung, Öffentlichkeitsarbeit (Public Relations) und Sponsoring. Die zentrale Aufgabe der Kommunikationspolitik ist die Information des potentiellen Kunden über die Vorteilhaftigkeit des eigenen Angebotes. Auf diese Weise soll der Kunde überzeugt und zu einem bestimmten Verhalten, in der Regel zum Kauf, angeregt werden.

4.3. Weiterführende Literatur

Backhaus, K. (1999): Industriegüter-Marketing, 6. Auflage, München.

Becker, J. (1998): Marketing-Konzeption. Grundlagen des strategischen und operativen Marketing-Managements, 6. Auflage, München.

Böcker, J (1995): Marketing für Leistungssysteme, Wiesbaden.

Böcker, J./Goette, T. (1994): Das Systemgeschäft folgt eigenen Regeln, in: Harvard Business Manager, Heft 2, S. 116-124.

Kotler, P./Bliemel, F. (1999): Marketing-Management. Anayse, Planung, Umsetzung und Steuerung, 9. Auflage, Stuttgart.

5. Die tatsächliche Entwicklung

Angesichts der attraktiven Perspektiven im Telekommunikationsmarkt entschließt sich das virtuella-Management zu einer sehr weit gefaßten Definition des relevanten Marktes. Demnach sollen parallel sehr unterschiedliche Marktsegmente bearbeitet werden: (1) große Geschäftskunden, (2) mittlere und kleine Geschäftskunden sowie (3) attraktive Privatkunden. Je attraktiver der jährliche Telekommunikationsumsatz und je wichtiger die strategische Bedeutung des Kunden ist, desto individueller soll das Produkt- und Preisangebot gestaltet sein. Für die großen Geschäftskunden bedeutet das die Entwicklung und Betreuung individueller Projekt- bzw. Systemlösungen. Der relevante Privatkundenmarkt wird in der Anfangsphase durch Festlegung eines bestimmten monatlichen Mindestumsatzes (monatliche Ausgaben für Ferngespräche > 50,-- DM) abgegrenzt.

Die Art und Weise der Marktstimulierung soll grundsätzlich mittels Realisierung der Präferenzstrategie erfolgen. Diese Entscheidung beruht im wesentlichen auf den Erfahrungen aus dem Mobilfunkmarkt. In diesem Markt, der bereits Jahre zuvor liberalisiert wurde, wurde eine an Geschäftskunden ausgerichtete Präferenzstrategie erfolgreich umgesetzt. Schnell wird dem virtuella-Management jedoch klar, daß produktspezifische Vorteile gegenüber einem seit Jahrzehnten etablierten Anbieter wie der Deutschen Telekom nicht zu realisieren sind. Es ist absehbar, daß die wesentlichen technischen Innovationen nicht von den neuen Anbietern eingeführt werden können. Der Spielraum für die Ausgestaltung der Präferenzstrategie ist damit extrem eng. Ein Ansatzpunkt für die Schaffung möglicher Zusatznutzen für den Kunden ist der Aufbau einer sympathischen, emotional aufgeladenen Marke. Virtuella soll als die neue attraktive Alternative im Festnetz präsentiert und gleichzeitig potentiellen Kunden die neue Wahlmöglichkeit im Festnetz verdeutlicht werden.

Die Umsetzung der „reinen" Preis-Mengen-Strategie wird nicht angestrebt. Der Preisvorteil gegenüber den Tarifen der Deutschen Telekom soll für den Kunden jedoch wahrnehmbar sein. Nach preispolitischen Erkenntnissen werden Preisvorteile vor allem dann wahrgenommen, wenn sie im zweistelligen Prozentbereich angesetzt werden. Bei dem ersten Tarifmodell von virtuella beträgt der Preisvorteil zwischen 15 und 20 Prozent gegenüber dem Tarif der Deutschen Telekom. Mit stärkeren Preissenkungen hält man sich bei virtuella bewußt zurück, auch um die erheblichen Investitionen in die Netzinfrastruktur nicht zu gefährden. Die Abbildung 11 veranschaulicht das virtuella-Tarifmodell für nationale Telefongespräche.

Entfernungszone	Hauptzeit: 8-18 Uhr	Nebenzeit: 18-9 Uhr
Lokal (< 20 km) *)	12 Pf./Min.	6 Pf./Min.
Regional (≤ 50 km)	24 Pf./Min.	12 Pf./Min.
National (> 50 km)	48 Pf./Min.	24 Pf./Min.
*) lediglich Lokalgespräche, die mit einer „0..." beginnen (i.d.R. Gespräche zu angrenzenden Ortsvorwahlen, die – trotz eigener Vorwahl - ebenfalls zum Ortstarif abgerechnet werden)		

Abbildung. 11: Tarifmodell von virtuella für nationale Telefongespräche

Aus Mangel an Differenzierungsmöglichkeiten betreiben jedoch mehrere andere neue Telekommunikationsanbieter eine sehr aggressive Preispolitik. Dieser Umstand zwingt Marktteilnehmer, die anfangs eine moderate Preisstrategie verfolgen, zu deutlichen Preisanpassungen nach unten. Das Preisniveau bei nationalen Ferngesprächen fällt bereits innerhalb des ersten Jahres der Liberalisierung um knapp 70 Prozent. Im Business-Plan von virtuella hat man dieses Preisniveau erst innerhalb der nächsten fünf bis sieben Jahre erwartet.

Das strategische Timing wird im Telekommunikationsmarkt von Anfang an als einer der wesentlichen Erfolgsfaktoren erkannt. Das Szenario, den Markteintritt solange abzuwarten, bis den Kunden Orts- und Ferngespräche aus einer Hand angeboten werden können, wird von virtuella schnell verworfen. Das Risiko, bei der Kundengewinnung zu spät zu starten, wichtige Marktentwicklungen zu verpassen und den Markt nicht im eigenen Sinne gestalten zu können, wird als zu hoch eingestuft. Wichtige Zielsetzung für virtuella ist es, so schnell wie möglich mit verschiedenen Leistungsangeboten die relevanten Marktsegmente zu bearbeiten. Eine besondere Bedeutung kommt hierbei der Calling Card zu: Dieses Produkt kann relativ schnell im Markt plaziert werden und ist mit Beginn der Liberalisierung verfügbar. Verzögerungen bei der Einführung anderer Produkte können teilweise kompensiert werden. Denn der Start des geplanten Hauptproduktes Preselection hat sich aufgrund von internen Schwierigkeiten bei Prozessen und Abrechnung um 3 Monate nach dem Beginn der Liberalisierung verschoben. Knapp ein halbes Jahr nach der Liberalisierung wird das offene Call by Call eingeführt.

Der Hintergrund für dieses zweistufige Vorgehen – erst Preselction, dann Call by Call – beruht auf einer anfänglichen Fehleinschätzung des Marktes. Aus produktpolitischer Sicht hat sich das virtuella-Management sehr stark auf das Angebot von Preselection konzentriert. Das Management geht zunächst davon aus, dem Kunden mit dem Produkt Preselection eine möglichst bequeme Alternative im Festnetz zu bieten. Völlig unterschätzt wird die Bedeutung von Call by Call. Viele Kunden wollen die neuen Freiheiten im Telefonmarkt ausnutzen, ohne sich sofort an einen Preselection-Anbieter zu binden. In den ersten Monaten nach der Liberalisierung ist es quasi ein Volkssport, verschiedene Call by Call-Angebote auszuprobieren, auf diese Weise aktiv zu sparen und dem ehemaligen teuren Monopolisten ein Schnippchen zu schlagen. Unternehmen, die ausschließlich mit Call by Call starten, gelten in dieser Marktphase als die Gewinner und können unter den neuen Telekommunikationsanbietern die meisten hinzu gewonnenen Telefonminuten verbuchen.

Zwei Jahre nach der Liberalisierung hat sich das Verhältnis zwischen Preselection und Call by Call erneut verschoben. Die Call by Call Nutzung hat nach der anfänglichen Euphorie deutlich nachgelassen. Viele Nutzer verzichten mittlerweile auf die Netzvorwahl, da es nur mit einem erheblichen permanenten Informationsaufwand möglich ist, die stets günstigsten Call by Call-Angebote zu identifizieren. Außerdem sind die absoluten Einsparungsmöglichkeiten für Kunden heute deutlich geringer als zur Einführung von Call by Call.

Im Umfeld sinkender Deckungsbeiträge zeigt sich, wie wichtig der unmittelbare Kundenkontakt ist. Das Preselection-Angebot gewinnt an strategischer Bedeutung: nur ein Anbieter, der die Kunden und deren Telefonverhalten kennt, kann zusätzliche segmentspezifische Angebote unterbreiten. Naheliegend ist beispielsweise ein Angebot über Ortsgespräche an die bestehenden Preselection-Kunden. Die weitergehende Perspektive ist ein Paketangebot, das die drei Leistungsbereiche Festnetz, Mobilfunk und Internet umfaßt. Denkbar sind weiterhin Angebote zu speziellen Sonderrufnummern oder Services wie netzintegrierte Anrufbeantworter. Mit ca. 1 Million Kunden innerhalb von zwei Jahren nimmt virtuella mittlerweile die führende Position bei der Vermarktung von Preselection ein und verfügt über eine gute Ausgangsposition für die Einführung weiterer Telekommunikationsprodukte.

Die hohen Anfangserwartungen an die Calling Card haben sich nicht erfüllt. Auch wenn sich Absatz und Nutzung in den USA in der Vergangenheit positiv entwickelt haben, können sich weder die privaten noch die gewerblichen Kunden in Deutschland mit diesem Produkt anfreunden. Allenfalls als Werbeträger oder als Angebot für spezielle ethnische Gruppen - gekoppelt mit günstigen internationalen Gesprächsgebühren – kann die Calling Card in Marktnischen erfolgreich plaziert werden. Einige Kunden setzen die Karte beim mobilen Telefonieren ein und umgehen damit die im Vergleich zum Festnetz höheren Mobilfunkgebühren. Im Zuge fallender Mobilfunkpreise und eines umständlichen Kartenhandlings kann sich diese Anwendung mittelfristig nicht durchsetzen. Da zukünftig keine positiven Marktsignale erwartet werden, entschließt sich das virtuella-Management Ende 1999 die vorausbezahlte und kontogebundene Calling Card vom Markt zu nehmen.

Großen Erfolg kann virtuella beim Aufbau der Marke verzeichnen. Der Name hebt sich positiv von den Namenskreationen der Wettbewerber ab, die teilweise sehr ähnlich (Com..., Tel...) oder sehr technisch klingen. Die Marke virtuella ist leicht auszusprechen und kann ebenso leicht behalten werden. Sie wird mit positiven Attributen wie Familie, soziale Geborgenheit und Wärme belegt. Der Claim „we improve your personal communication" unterstreicht die beabsichtigte Positionierung. Die gestützte Bekanntheit liegt bereits nach zwölf Monaten bei über 50 Prozent (ungestützte Bekanntheit: 30 Prozent) und erreicht damit Spitzenwerte in der Gruppe der neuen Telekommunikationsanbieter. Die hohe Bekanntheit wird mit dem Einsatz von Medien mit großer Reichweite erzielt, d.h. mittels TV, Radio, Tageszeitungen und Publikumszeitschriften. Gute Resultate im Sinne der Kommunikationsstrategie werden außerdem mit dem Sponsoring einer Fußballmannschaft aus der ersten Bundesliga (Trikotwerbung) und mit Bandenwerbung in Fußballstadien erzielt.

Bezüglich des Distributionskonzeptes entschließt sich das virtuella-Management zur umfassenden Nutzung aller zur Verfügung stehenden Vertriebskanäle. Mögliche Distributionskonflikte, die zwangsläufig zwischen den verschiedenen Vertriebskanälen entstehen können, werden in Kauf genommen. Die distributionspolitischen Ziele lassen sich wie folgt beschreiben: (1) Aufbau einer hohen Distributionsdichte, (2) frühzeitige und strategische "Besetzung" wichtiger Vertriebskanäle sowie (3) Nutzung bestehender Vertriebsstrukturen, die sich bereits im Mobilfunk bewährt haben.

Gerade aus vertriebspolitischer Sicht wird der Versuch unternommen, Konzepte aus dem Mobilfunkmarkt zu übertragen und für die Distribution der Festnetzprodukte zu nutzen. Im nachhinein zeigt sich jedoch, daß die Vertriebskonzepte nicht 1:1 übertragbar sind. Fachhändler sind insgesamt deutlich weniger erfolgreich bei der Vermarktung von Festnetzprodukten, als es nach den Erfahrungen im Mobilfunk zu erwarten gewesen wäre. Über die Vermarktung mittels Strukturvertrieb liegen keine aussagekräftigen Erfahrungswerte vor. Man hat sich deshalb zur Durchführung eines regional begrenzten Pilotversuches entschlossen. Aufgrund positiver Vertriebsresultate wird dieser Vertriebskanal sukzessive ausgebaut und zählt heute zu dem mit Abstand erfolgreichsten Vertriebsweg von virtuella.

Die anhaltenden Übernahmen im Telekommunikationsmarkt und die damit verbundene Neuordnung der strategischen Allianzen hat etwa zwei Jahre nach dem Marktstart zu einer veränderten strategischen Positionierung von virtuella geführt. Als Ergebnis dieser Veränderungen wird das Unternehmen virtuella so ausgerichtet, daß die Erschließung des Privatkundenmarktes im Mittelpunkt steht. Mittlerweile kann virtuella in diesem Marktsegment große Erfolge verzeichnen und zählt aus Kundensicht zu den wichtigsten Telekommunikationsanbietern im deutschen Markt.

6. Glossar

Calling Card:	Ermöglichst i.d.R. kostenlose Einwahl in eine Calling Card Plattform, einem zentralen Rechner innerhalb eines Telekommunikationsnetzes. Nach Identifizierung mittels PIN können über diesen Rechner Telefonate geführt werden. Die Abrechnung kann sowohl ex post als auch ex ante erfolgen.
DECT:	Digital European Cordless Telecommunication. Europäischer Standard für die schnurlose Kommunikation in öffentlichen Netzen, mobilen Funknetzen sowie Telekommunikations-Anlagen.
Entbündelter Zugang:	Übernahme einer bestehenden Telekommunikationsleitung, die den direkten Zugang zum Kunden ermöglicht. Technisch erfolgt die Übernahme in der Ortsvermittlungsstelle.
ISDN:	Integrated services digital network. Flächendeckendes Dienste-integrierendes Digitalnetz, das aus dem analogen Fernsprechnetz hervorgegangen ist.
ISDN-Basisanschluß:	Anschluß, bei dem der Teilnehmer zwei Leitungen parallel nutzen kann. Es stehen am Basisanschluß ein Steuerkanal (16 kbit/s) und zwei Basiskanäle (64 kbit/s) zur Verfügung.
ISDN- Primärmultiplex-Anschluß:	Der Primärmultiplexanschluß besteht aus 30 Basiskanälen und zwei Steuerkanälen und stellt eine Netto-Nutzrate von 30 x 64 kbit/s zur Verfügung.
Local Loop:	Die „letzte Meile" zum Kunden, womit die Verbindung zwischen Ortsvermittlungsstelle und dem Kunden bezeichnet wird.
Richtfunk:	Funkverbindungen des sogenannten festen Funkdienstes, bei denen stark bündelnde Antennen Signale im GHz-Bereich senden und empfangen. Der Abstand zwischen zwei Antennen heißt Funkfeld und liegt üblicherweise in Sichtweite.
Teilnehmernetzbetreiber:	Telekommunikationsanbieter, der innerhalb eines Netzes über den physikalischen Zugang zum Kunden verfügt. Ein Teilnehmernetzbetreiber bietet unter anderem die Abwicklung von Ortsgesprächen an.
Verbindungsnetzbetreiber:	Telekommunikationsanbieter, der ein Netz zwischen Ortsvermittlungsstellen – also im Fernbereich - unterhält. Ein Verbindungsnetzbetreiber wickelt alle Gespräche mit Ausnahme von Ortsgesprächen ab.

Hier läuft Ihr Business mit viel Fingerspitzengefühl.

NOKIA 7110

Mit dem Nokia 7110 bringen Sie die Dinge schnell ins Rollen. Dafür haben Sie den intelligenten Navi™-Roller. Einfach rollen und clicken - jedesmal führt er den nächsten logischen Schritt aus. Egal ob Sie kurz mal anrufen, einen Namen speichern oder eine Text-Nachricht versenden möchten. Das Verfassen einer SMS klappt jetzt auch schneller durch die Texteingabe mit automatischer Worterkennung mit integriertem Wörterbuch. Und um Ihre Geschäfte noch mehr zu erleichtern, verfügt das Nokia 7110 über einen Kalender, ein großes Display, einen außergewöhnlich umfangreichen Speicher für Namen und Telefonnummern, eine Stand-by-Zeit von über 10 Tagen, Dualband-Funktion und eine eingebaute Infrarot-Schnittstelle. Und außerdem unterstützt er das Wireless Application Protocol (WAP), mit dem Sie jede Menge interessante Dienstleistungen und Informationen aus dem Internet abrufen können. Das Nokia 7110: Im Handumdrehen um die Welt. www.nokia.de

NOKIA
CONNECTING PEOPLE

Erfolgreiches Customer Care der Power AG mittels Call Center in der Energiewirtschaft

von Carsten Suckrow

1. Problemstellung

Die Power AG ist ein Energieversorgungsunternehmen mit ca. 1,7 Mrd. DM Umsatz im Süden Deutschlands, das innerhalb seines vorwiegend ländlich strukturierten Absatzgebietes das gesamte Kundenspektrum abdeckt. So zählen neben einer kleinen Anzahl von Stadtwerken (sogenannte Weiterverteiler) und Großkunden (Industriekunden) auch Sondervertragskunden (kleinere Industrieunternehmen) und Tarifkunden zu der Klientel der Power AG. Unter Tarifkunden versteht die Power AG Haushalts-, Landwirtschafts- und Kleingewerbekunden, deren Strompreise staatlich festgelegt werden.

Die besondere Aufmerksamkeit des Vorstandes der Power AG erhält die Kundengruppe der Tarifkunden. Durch den Wegfall der staatlichen Preisfestsetzung ist ein für die Energiewirtschaft völlig neuer, primär über den Preis ausgetragener Wettbewerb entstanden. Vor diesem Hintergrund erhält die Bindung bestehender Kunden für die Power AG eine zentrale Bedeutung. Zwar zeigen die jüngsten Entwicklungen in den bereits länger deregulierten Energiemärkten England, Wales und Skandinavien, daß Stromkunden vor allem aufgrund des Preises den Stromversorger wechseln, doch nur billiger zu sein als andere reicht aus Sicht des Vorstandes der Power AG nicht aus. Neben dem Preis beziehen Kunden auch andere Kriterien in ihre Wechselüberlegungen mit ein: So spielt insbesondere der Service eine entscheidende Rolle. Aktivitäten wie die telefonische oder schriftliche Beratung, die Änderung von Kundendaten (z.B. neue Anschrift) sowie die Abrechnung erlangen eine zentrale Bedeutung. Der Kunde erwartet, daß diese Betreuungsaufgaben freundlich, kompetent und schnell rund um die Uhr bearbeitet werden.

Spielten diese Betreuungsaktivitäten, die auch als Customer Care bezeichnet werden, bisher nur eine untergeordnete Rolle, weil die Kunden durch das Monopol ohnehin an die Power AG gebunden waren, kommt diesen Aktivitäten nunmehr ein wesentlich höherer Stellenwert zu. Customer Care wird zu einem der Eckpfeiler der Kundenloyalitätsstrategie, die wechselbereite Kunden dauerhaft an den Energieversorger binden soll.

Für die Betreuung ihrer Kunden verfolgte die Power AG bisher zwei Wege: Während sich um Weiterverteiler und Großkunden ein zentraler Großkundenvertrieb kümmerte, kamen die Sondervertrags- und Tarifkunden in den Genuß einer persönlichen Betreuung durch einen intensiven Flächenvertrieb, der sich durch eine hohe Anzahl von lokalen Kundenbüros auszeichnete.

So waren für die Sondervertragskunden persönliche Berater zuständig, die sich von der Angebotsphase bei einem Neuanschluß bis zur Abrechnung um diese Kundengruppe kümmerten. Kennzeichnend war somit eine sehr intensive Betreuung. Um eine möglichst hohe Kundennähe sicherzustellen, waren diese Sondervertragskundenberater jeweils in der Regionalleitung der verschiedenen Regionen der Power AG angesiedelt.

Die Betreuung der Tarifkunden wurde durch ca. 150 Kundenberater in ca. 30 Kundenbüros sichergestellt. In diesen öffentlich zugänglichen Kundenbüros wurde eine persönliche Betreuung von der Anmeldung bis hin zur Einzahlung der Stromrechnung vorgenommen. Für Aufgaben wie die Zählerablesung und für spezielle Beratungsbedürfnisse (z.B. Installation von Nachtspeicherheizungen oder Wärmepumpen) erfolgte sogar ein persönliches Customer Care beim Kunden.

Im Zuge der Liberalisierung der Energiewirtschaft und der damit verbundenen Senkung der Strompreise stieß dieser Flächenvertrieb für die bisherigen Tarifkunden an seine Grenzen: Die intensive persönliche Betreuung erwies sich aufgrund der ohnehin schon geringen Margen bei den Tarifkunden zunehmend als unprofitabel. Darüber hinaus war der Tarifkundenvertrieb durch folgende Schwachpunkte gekennzeichnet:

- Es existierten keine zentralen Anlaufstellen für Kundenanfragen; hieraus resultierten unter anderem geringe Sofortbearbeitungsquoten; bei Spezialfragen konnten die Kundenberater nicht immer qualifiziert weiterhelfen und reichten die Anfragen in Zentralabteilungen weiter.

- Die Vertriebsmitarbeiter waren schlecht erreichbar; häufige Besuchstermine und begrenzte Öffnungszeiten führten zu mehrfachen Anfahrten von Kunden in die Kundenbüros.

- Die jeweiligen Vertriebsmitarbeiter in der Kundenbetreuung zeichneten sich durch extreme Unterschiede im Know-how aus; Spezialfragen beispielsweise zur Stromabrechnung wurden nicht einheitlich beantwortet und/oder nur nach Rückfrage in der zentralen Abrechnungsabteilung abgeschlossen.

- Es waren keine klaren Schnittstellen zwischen Vertriebsaufgaben und Customer Care-Aufgaben in der Interaktion zum und mit dem Kunden vorhanden; durch die hohe Belastung der Vertriebsmitarbeiter mit Customer

Care-Aufgaben wurden Marketing- und Vertriebsinitiativen (z.B. Einführung von Wärmepumpen) nur mangelhaft umgesetzt.

- Die Kundengespräche zeichneten sich durch eine geringe Serviceorientierung aus; dem Kunden wurde keine ausreichende Wertschätzung entgegen gebracht („Behördensyndrom").

Der Tarifkundenvertrieb der Power AG hatte deshalb nicht nur mit geringer Profitabilität und Ineffizienz zu kämpfen, sondern auch mit unzufriedenen Kunden.

Um die zentralen Anforderungen einer kundengruppenspezifischen Betreuung und effizienter Vertriebsprozesse Rechnung tragen zu können, entschied sich das Unternehmen, seinen Vertrieb neu zu gestalten (siehe Abb. 1).

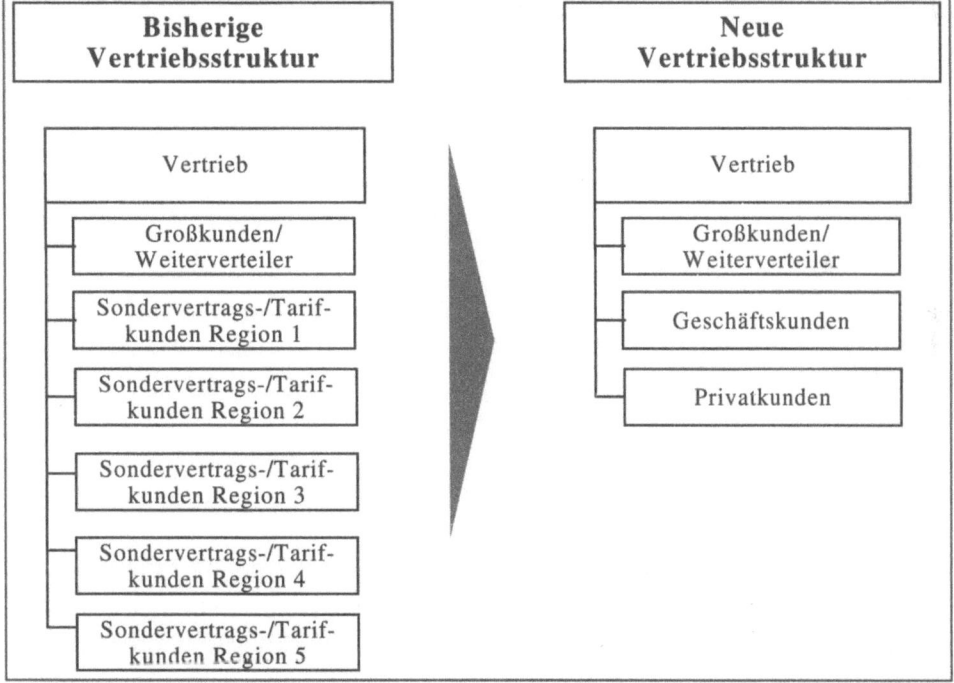

Abb. 1: Neue Kundengruppenstruktur der Power AG

Während die Großkunden (Industrieunternehmen, Handelsunternehmen/ Filialisten, Weiterverteiler) weiterhin zentral betreut werden, erfolgt künftig ausschließlich für Geschäftskunden (Geschäftskunden: kleinere Industrieunternehmen, größere Gewerbeunternehmen) eine persönliche Betreuung vor Ort. Die Gründe für die Entscheidung zur persönlichen Betreuung liegen zum einen in der Erwartungshaltung des Kunden ab einem bestimmten jährlichen Rechnungsbetrag (ca. 30.000 DM bis 50.000 DM) eine Beratung vor Ort zu erhalten; zum anderen rechtfertigen die in dieser Kundengruppe erzielten Deckungsbeiträge einen persönlichen Besuch.

Umfangreiche Änderungen sind vor allem für Privatkunden (ehemals Tarifkunden: kleinere Gewerbeunternehmen, Landwirte, Haushalte) vorgesehen. Einzelne Betreuungsaufgaben, die nicht zwangsläufig eine persönliche Präsenz des Vertriebs vor Ort erfordern, sollen künftig von einer neuen Vertriebsform, dem Call Center, übernommen werden.

Kundengruppe	Persönliche Betreuer	Persönliche Betreuung		Schriftlicher Kontakt	Telefonischer Kontakt
		Besuche durch Power AG	Ort		
Großkunden/ Weiterverteiler	ja	aktiv; planmäßig	zentral[1]	zentral[1]	zentral[1]
Geschäftskunden	ja	reaktiv; planmäßig bei ausgewählten Kunden	dezentral[1]	dezentral	Call Center
Privatkunden	nein	selektiv; bei Marketingaktivitäten u. Einzelfällen	zentral	Call Center	Call Center

[1] Persönlicher Betreuer

Abb. 2: Kundenbetreuungsmatrix der Power AG

Vor diesem Hintergrund entschließt sich der Vorstand der Power AG, die Einführung des Call Centers mit höchster Priorität voranzutreiben. Die Betreuungsaufgaben rund um den Privatkunden sollen sowohl den Effizienzanforderungen der verschärften Wettbewerbssituation gerecht werden als auch eine stärkere Kundenorientierung und höhere Kundenzufriedenheit ermöglichen.

2. Bestandsaufnahme Customer Care Privatkunden

Die Marketing-/Vertriebsleitung der Power AG soll umgehend ein Projekt zur Einführung eines Call Centers starten. Als Mitarbeiter/in der Bereichsleitung Marketing/Vertrieb erhalten Sie den Auftrag, auf Basis der vorliegenden Informationen ein Konzept für die Einführung eines Call Centers zu erarbeiten.

2.1. Kundenstruktur und Ist-Organisation des Customer Care

Die Power AG verfügt über ca. 383.000 Kunden in ihrem Versorgungsgebiet. Mit 380.000 Kunden bilden die Privatkunden den Schwerpunkt, gefolgt von circa 2.850 Geschäftskunden und circa 150 Großkunden.

Vor dem Hintergrund der gerade deregulierten Märkte ist nunmehr die Akquisition von Neukunden außerhalb des bisherigen Versorgungsgebiets möglich. Eine Simulation der Wechselbereitschaft von Kunden führte jedoch zu dem Ergebnis, daß die Zahl der in den neuen Gebieten akquirierten Kunden gerade der Zahl der „Wechselkunden" im eigenen Versorgungsgebiet entspricht. Zur Vereinfachung des Call Center-Projekts geht die Bereichsleitung daher von einer konstanten Kundenzahl aus.

Die Customer Care-Aufgaben für die 380.000 Privatkunden werden bisher in keiner eigenständigen organisatorischen Einheit wahrgenommen. Aufgaben wie die An-, Ab- und Ummeldung von Kunden, die Beratung über die zur Auswahl stehenden Tarife etc. erfolgen über die in den lokalen Kundenbüros angesiedelten Kundenberater. Für Rückfragen der Kunden zur Stromabrechnung steht eine zentrale Abrechnungsabteilung mit einer zentralen Rufnummer während der Kernarbeitszeiten von 9.00 bis 15.00 Uhr zur Verfügung. Im Rahmen der jüngsten Marketingaktivitäten der Power AG bei der Einführung neuer Produkte (z.B. die Förderung von Wärmepumpen, die Einführung eines neuen Unternehmensauftritts inklusive neuem Corporate Design) wurde in der Marketingabteilung eine Hotline eingerichtet, die ebenfalls während der Kernarbeitszeiten erreichbar ist und über die aktuelle Produktinformationen zu erfragen sind.

2.2. Ziele des Customer Care

Gemäß dem Briefing des Vorstandes an die Bereichsleitung Marketing/Vertrieb wurden folgende Ziele für das Customer Care der Power AG definiert:

Durch

- Erhöhung der Erreichbarkeit durch längere Öffnungszeiten

- Reduktion des administrativen Aufwands durch höhere Sofortbearbeitungsquoten bei Kundenanfragen

- Mehr aktive Vermarktungszeit beim Kunden durch Fokussierung des Vertriebs auf reine Akquisitionstätigkeiten

- Erweiterte Servicedienstleistungen, z.B. eine Hotlinenummer zur Meldung von Stromausfällen

- Aktives Telefonmarketing, z.B. durch aktive Vermarktung neuer Zusatzdienste (z.B. Versicherungsschutz gegen Schäden durch Stromausfall)

sollen die Kundenzufriedenheit gesteigert und die Kosten gesenkt werden.

Aufgrund des verschärften Wettbewerbs ist die vollständige Funktionsfähigkeit der neuen Customer Care-Prozesse und Call Center-Aktivitäten innerhalb eines Jahres sicherzustellen.

Da eine optimale Kundenbetreuung einen übergreifenden Call Center-Ansatz erfordert, der das Call Center als zentrale Anlaufstelle für den Kunden definiert, müssen die dezentralen Kundenbüros in die Prozeßabläufe integriert werden. Gleichzeitig sind bisherige Kundenschnittstellen – z.B. zur Abrechnung oder im Rahmen der Marketing-Hotline – zu berücksichtigen.

2.3. Aufgabenanalyse des Customer Care

Eine Aufgabenanalyse des Customer Care konnte im Rahmen einer Arbeitsverteilungsanalyse vorgenommen werden. Dabei wurden zunächst einzelne Customer Care-Aufgaben erfaßt und kategorisiert. Eine Zeiterfassung der einzelnen Aufgaben in verschiedenen Servicezentren sowie in den Zentralabteilungen Abrechnung und Marketing lieferten die in der Abbildung 3 dargestellten Zeitwerte für die einzelnen Betreuungsaufgaben.

Darüber hinaus werden in der Kundenbetreuung noch folgende Aufgaben wahrgenommen:

- Zählerablesung bei den Kunden
- Kontaktpflege zu den Elektroinstallationsbetrieben
- Kalkulation der Anschlußkosten
- Austausch von defekten Stromzählern
- Standdienst bei regionalen Messen.

Aufgabe	Bearbeitungs-zeit	Anzahl der Vorgänge
Beratung über Tarifauskünfte	5 min	13.000
Beratung über Stromlieferverträge	5 min	1.250
Produktberatung und –information	10 min	12.500
Annahme/Weiterleitung und Koordination von Kundengesprächen	10 min	6.500
Abmeldungen von Stromanschlüssen	5 min	17.000
Vertrag für Wiedereinschaltungen von Stromanschlüssen	5 min	5.000
Anmeldungen von Stromanschlüssen	10 min	15.000
Ummeldungen von Stromanschlüssen	5 min	82.000
Neuanschluss von Stromanschlüssen	10 min	5.000
Kundenakte führen	30 min	2.100
Inkasso telefonisch	10 min	2.500
Ratenzahlungsvereinbarungen	7 min	2.500
Zählerstände telefonisch erfassen	5 min	2.500
Rückfragen zur Rechnung	8 min	45.000
Rückfragen zur Mahnung	8 min	32.000
Technische Reklamationen	8 min	3.000
Follow-up der Reklamationen/ Rückfragen	15 min	8.000
Direktmarketing durchführen	5 min	40.000
Kundenbefragungen durchführen	10 min	2.000
Auskünfte bei Netzstörungen geben	10 min	3.000
Störungsbehebung intern anstoßen	5 min	300

Abb. 3: Arbeitserfassungsanalyse

18.01 Rufnummernverteilung und Anrufaufkommen

Um ein Call Center-Konzept aufzustellen, wurden in einer weiteren Bestandsaufnahme die bereits genutzten Rufnummern erfaßt. Ziel ist es, im Rahmen der Call Center-Einführung die verschiedenen zentralen Rufnummern der Kundzentren sowie in der Marketing- und Verrechnungsabteilung aufzulösen, um neben der Rufnummer der Telefonzentrale (Empfang) nur noch die Rufnummer des Call Centers zu pflegen. Zur Entlastung der in den Kundenbüros angesiedelten Vertriebsmitarbeiter werden die Rufnummern der Außenstellen beibehalten, aber automatisch an das Call Center weitergeleitet. Die Kunden rufen somit die ihnen vertrauten Rufnummern an. Durch die Weiterleitung der Anrufe an das Call Center werden die Außenstellen jedoch von Routinefragen der Kunden entlastet und können sich auf ihre operative Vertriebsarbeit konzentrieren.

Tageszeit	Anrufverteilung in Prozent
07.00 – 08.00	1,8
08.01 – 09.00	15,4
09.01 – 10.00	18,4
10.01 – 11.00	15,4
11.01 – 12.00	13,6
12.01 – 13.00	5,1
13.01 – 14.00	9,8
14.01 – 15.00	9,3
15.01 – 16.00	7,0
16.01 – 17.00	2,1
17.01 – 18.00	1,4
18.01 – 19.00	0,8

Abb. 4: Anrufverteilung im Tagesverlauf

Um letztendlich eine Dimensionierung der nötigen Call Center-Mannschaft und deren Einsatz während der Öffnungszeiten des Call Center planen zu können, wurden für die bereits in 2.3. erfaßten Aufgaben die eingehenden Telefonanrufe abgeschätzt. Demnach ist für das Call Center mit einem jährlichen Anrufvolumen von bis zu 250.000 Kundenanrufen und bis zu 1.000 Anrufen pro Tag zu rechnen. Erfahrungswerte aus dem Betrieb bereits operativ tätiger Call Center können zur Abschätzung der Anrufverteilung im Tagesverlauf herangezogen werden (vgl. Abb. 4).

Mit Hilfe dieser Anrufverteilung kann die maximale Anzahl der notwendigen Front-Office-Agenten geplant werden. So läßt sich für die maximale Anzahl von 1000 Anrufen nun mit der Spitzenlast von 18,4 Prozent und einer durchschnittlichen Anruf- und Bearbeitungsdauer von fünf Minuten pro Anruf, die Anzahl der Agenten bestimmen die maximal im Call Center vorzuhalten sind. Darüber hinaus gibt diese Anrufverteilung natürlich auch wertvolle Hinweise für die Personaleinsatzplanung im Tagesverlauf.

Nachdem Sie als Mitarbeiter/in einem Kick-off-Workshop der Bereichsleitung Marketing/Vertrieb und den Vorständen diese Bestandsaufnahme präsentiert haben, geben die Vorstände grünes Licht zur Entwicklung eines Call Center-Konzepts für das Customer Care der Power AG. Sie werden zur Projektleiter/in ernannt und erhalten den Auftrag, mit einem Team Ihrer Wahl folgenden Fragenkatalog zu bearbeiten und die Ergebnisse dem gleichen Teilnehmerkreis in spätestens zwei Monaten zu präsentieren.

3. Aufgaben

(1) Welche qualitativen und quantitativen Ziele (Servicelevel) lassen sich für das Customer Care definieren?

(2) Welche der derzeitigen Vertriebsaufgaben sind originäre Vertriebsaufgaben und welche sind Customer Care-Aufgaben?

(3) Welche Customer Care-Aufgaben können zentral in einem Call Center bearbeitet werden und wie lassen sich die einzelnen Customer Care-Aufgaben in Call Center-Prozesse zusammenfassen?

(4) Wie viele Mitarbeiter sind zur Bearbeitung der Prozesse im Call Center vorzuhalten?

(5) Welche Organisations- und Teamstruktur soll das Call Center aufweisen?

(6) Welche Aufgaben sind im Front-Office und welche im Back-Office des Call Centers zu bearbeiten?

(7) Welche Schritte sind in einer Einführungsplanung zu berücksichtigen und welche Zeitdauer erfordern diese Schritte?

4. Marketingtheoretische Einordnung der Fallstudie – wesentliche Merkmale und Bezugsrahmen eines Call Centers

4.1. Prinzip eines Call Centers

Ein Call Center ist die zentrale „Anlaufstelle" im Dialog mit dem Kunden. Sämtliche Anfragen, ob per Telefon, Fax oder E-Mail, vom und zum Kunden gehen hier ein und erlauben eine qualitativ hochwertige sowie kosteneffiziente Kundenbetreuung (vgl. Abb. 5).

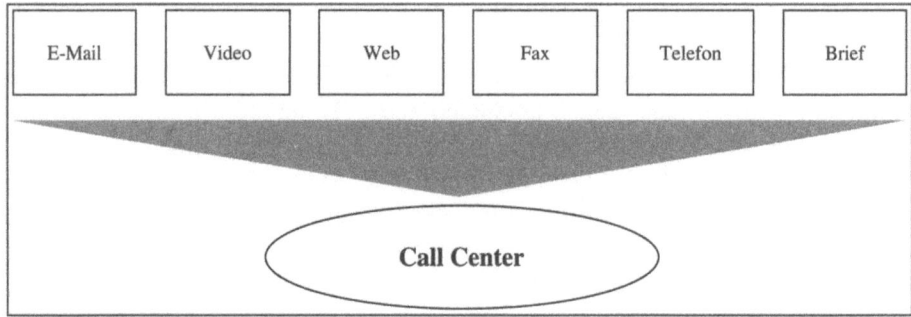

Abb. 5: Dialogmedien im Call Center

Aufgrund der Vielfalt der Dialogmedien, die im Call Center zusammenlaufen, wird häufig nicht mehr von Call Centern, sondern von Communication Centern gesprochen.

Die Funktionsweise eines Call Centers läßt sich anhand eines fiktiven Beispiels wie folgt darstellen (vgl. Abb. 6): Ruft ein Kunde die zentrale Rufnummer des Call Centers an, so prüft die „ACD-Telefonanlage" (Automatic Call Distribution), welcher Telefonagent gerade frei ist und das Gespräch entgegennehmen kann. Sind alle Telefonagenten gerade belegt und kann das Kundengespräch auch nach einer definierten Zeitspanne nicht angenommen werden, so bietet das Call Center die Möglichkeit, den Anruf an einen Anrufbeantworter (Voice Box) weiterzuleiten.

Vereinzelt verfügen Call Center jedoch auch über eine sogenannte Überlaufkapazität. Bei der Überlaufkapazität handelt es sich um ein weiteres Call Center (in der Regel ein externer Dienstleister), das im Falle einer Überlastung des eigenen Call Centers die neu eingehenden Anrufe annimmt und bearbeitet. Muß der Kunde hingegen sein Anliegen auf der Voice Box hinterlegen, so ist diese selbstverständlich umgehend von einem Agenten abzuhören und zu beantworten.

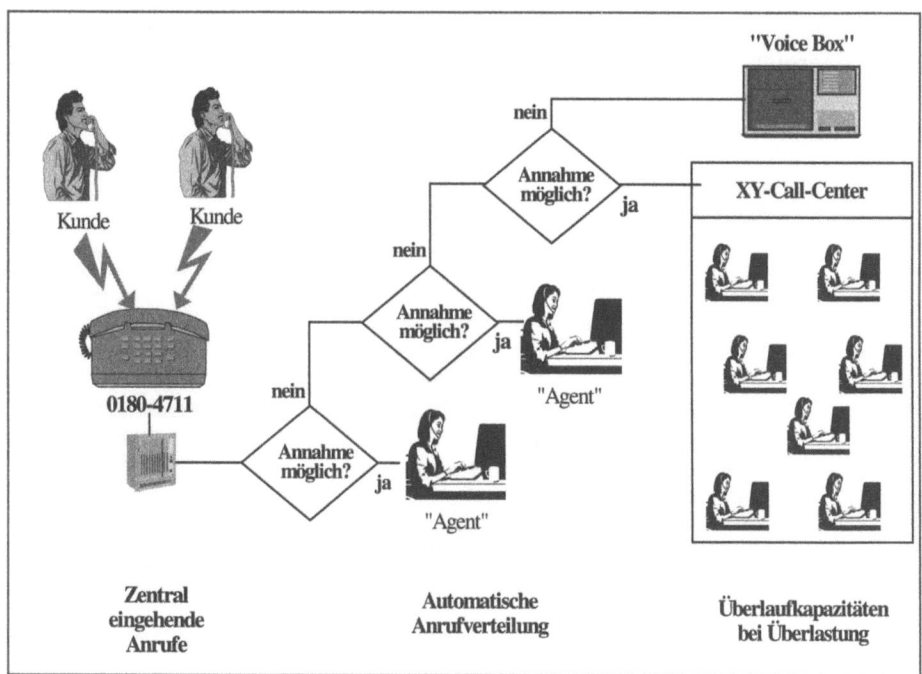

Abb. 6: Funktionsweise eines Call Centers

4.2. Teilprozesse und Aufgaben in einem Call Center

Im Vertrieb kann generell zwischen den drei Kernprozessen „Marketing durchführen", „operativen Vertrieb leisten" und „Customer Care leisten" differenziert werden (vgl. Abb. 7). So werden im Prozeß „Marketing durchführen" Marketingaufgaben von der Markt- und Wettbewerbsanalyse über die Produkt- und Vertragsentwicklung bis zum Marketing-Vertriebscontrolling durchgeführt. Der Prozeß „operativen Vertrieb realisieren" erstreckt sich von der Identifizierung, der Kontaktaufnahme und dem Vertragsabschluß bis zum Beziehungsmanagement. Im Rahmen des Prozesses „Customer Care leisten" wird durch die Beratung und die Abrechnung bis zum Reklamationsmanagement eine umfangreiche Betreuung des Kunden vorgenommen.

Von diesen drei Kernprozessen kann primär der Teilprozeß „Customer Care" im Call Center – als zentrale Anlaufstelle für den Kunden – wahrgenommen werden. Je nach Betreuungskonzept übernehmen Call Center jedoch auch originäre operative Vertriebsaufgaben. So werden beispielsweise für Privatkunden die Teilprozesse „Kundenkontakt aufnehmen", „Standardverträge abschließen" bis hin zur „Kundenberatung" bereits erfolgreich von Call Center-Mitarbeitern in der Energiewirtschaft durchgeführt.

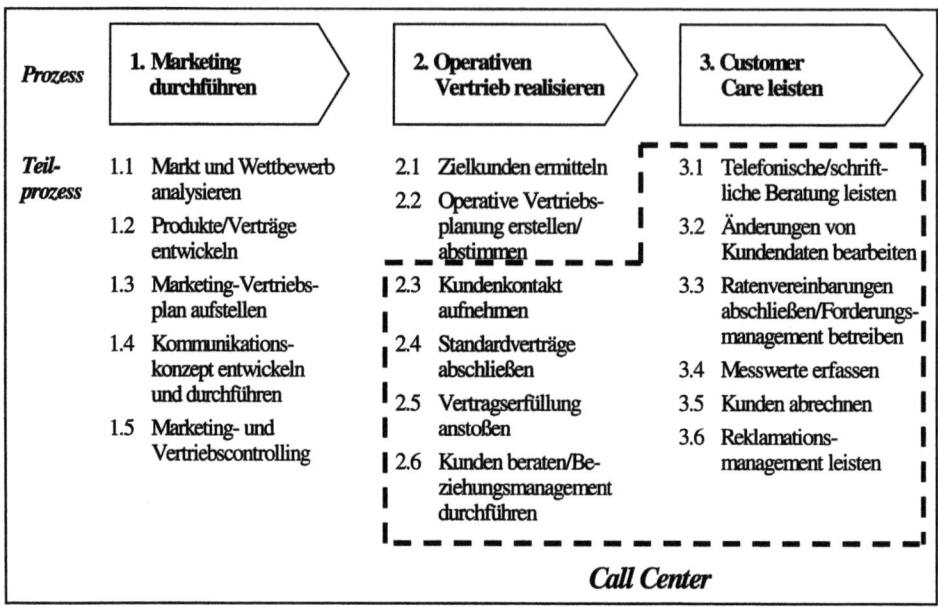

Abb. 7: Kernprozesse des Vertriebs für Privatkunden

Ergänzt um einige Zusatzaufgaben lassen sich aus diesen Teilprozessen für das Call Center die folgenden zentralen Aufgabeninhalte ableiten:

- Telefonische/schriftliche Beratung leisten
- Änderungen bearbeiten
- Forderungsmanagement betreiben
- Rückfragen/Reklamationen bearbeiten
- Aktives Marketing/Vertrieb durchführen
- Störungshilfe leisten.

4.3. Zielkatalog für ein Call Center

Zentrale Kriterien für die erfolgreiche Führung eines Call Centers sind eine hohe Erreichbarkeit des Call Centers und eine hohe Kundenzufriedenheit bezüglich der Servicequalität des Call Centers. Während die Kundenzufriedenheit erst nach Einführung des Call Centers im Rahmen von regelmäßigen Tracking-Studien überprüft werden kann, sollte die Erreichbarkeit bereits in der Konzeptphase des Call Centers detailliert geplant werden.

Für die Zieldefinition hat sich insbesondere eine Checkliste bewährt, die alternative Ausprägungen für die wichtigen Service-Kriterien definiert (vgl. Abb. 8).

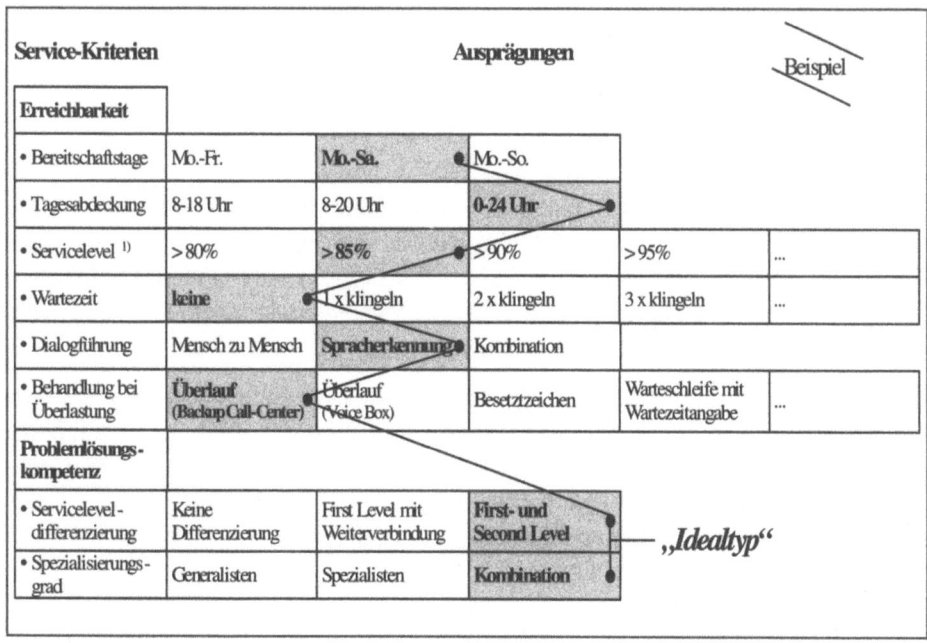

Abb. 8: Checkliste Serviceangebot

Unter dem Begriff „Servicelevel" versteht man die Anzahl der Anrufe, die in einem festgelegten Zeitintervall im Call Center angenommen werden. In der Regel wird in der Start-Phase eines Call Centers ein 80/20-Level angestrebt. Das heißt, 80 Prozent der eingehenden Anrufe sind durch das Call Center anzunehmen und zu bearbeiten.

Hinsichtlich der „Servicelevel-Differenzierung" wird in der Regel zwischen „First-Level" und „Second-Level" unterschieden. Ziel des First Level-Supports ist es, einen möglichst hohen Anteil der eingehenden Anrufe entgegenzunehmen (Erreichbarkeit) und mit einer hohen Sofortbearbeitungsquote abzuschließen. Der First-Level-Support wird daher auch als Front-Office bezeichnet. Beispielhafte Tätigkeiten sind die Annahme der eingehenden Telefonate, die telefonische Beantwortung der Routineanfragen und Vorgänge bezüglich der Ab-, Um-

und Anmeldungen, der Tarif- und Produktberatung, der Bearbeitung der Standardkorrespondenz sowie die Weiterleitung von Spezialfragen.

Der Second Level-Support hingegen übernimmt die Abwicklung der verbleibenden Anrufe. Zielsetzung ist es, eine schnelle Lösung komplexer Aufgaben herbeizuführen. Die Tätigkeiten der sogenannten Back-Office-Agenten beziehen sich auf die schriftliche und telefonische Bearbeitung von Spezialanfragen hinsichtlich der Tarife, Produkte und Stromabrechnungen der Kunden sowie auf die Rückantwort zu internen Spezialfragen.

4.4. Struktur eines Call Centers

Ein Call Center besteht aus einem Front- und einem Back-Office. Back- und Front-Office-Teams verfügen über Teamleiter, welche die Einsatzplanung ihrer Teams organisieren und als Teamsprecher fungieren. Die Teamleitung wird von den Teamleitern mit den sogenannten Supervisoren organisiert, die zwei unterschiedliche Hauptfunktionen wahrnehmen.

Zum einen übernimmt der Supervisor Reporting-Aufgaben. Vorgenommen wird hierbei eine Auswertung der ACD-Statistiken, zum Beispiel hinsichtlich des Anrufverhaltens und der Anzahl der nicht entgegengenommenen Anrufe. Basierend auf diese Daten plant der Supervisor den kurz- und mittelfristigen Personalbedarf, entwickelt Arbeitszeitmodelle und paßt auch den Personaleinsatz an kurzfristige Anrufschwankungen an.

Zum anderen hat der Supervisor Qualitätsmanagement-Aufgaben durchzuführen. Den Schwerpunkt bildet dabei die Entwicklung kundenorientierter Gesprächsleitfäden, das Messen und Beurteilen der Gesprächsqualität der Agenten und die Identifizierung des individuellen Schulungsbedarfs der Front- und Back-Office-Agenten.

4.5. Kapazitätsplanung für ein Call Center

Im Rahmen der Kapazitätsplanung für ein Call Center ist sicherzustellen, daß eine möglichst hohe Abdeckung der eingehenden Kundenanrufe erreicht wird. Zu berücksichtigen sind dabei sowohl interne als auch externe Faktoren.

Im Rahmen der internen Faktoren sind neben den bereits angeführten Servicelevel Faktoren wie die Anzahl der Trainings-, Urlaubs- und Krankheitstage, die durchschnittliche Gesprächsdauer, Nachbearbeitungszeiten sowie die Teilnahme der Call Center-Mitarbeiter an Besprechungen im Unternehmen zu berücksichtigen. Häufig werden darüber hinaus spezifische Arbeitszeitvereinbarungen getroffen, die der erhöhten Belastung der Call Center-Agenten gerecht werden. So weisen einige Call Center eine Regelung auf, bei welcher der Agent 55 Minuten einer Arbeitsstunde am Telefon verbringt. Die restlichen fünf Minuten kann er sich auf seinem Pausenkonto „gutschreiben" und seine Arbeits- und Pausenzeiten im Tagesverlauf individuell variieren.

Bei den externen Faktoren sind bestimmte Stichtage wie Rechnungsversand, Mahnungsaussendung und die Durchführung von Mailing-Aktionen und PR-Kampagnen zu berücksichtigen. Hier ist mit erhöhten Informationsbedürfnissen und verstärkten Anrufen der Kunden zu rechnen, die einen erhöhten Kapazitätsbedarf erfordern. Führt man die interne und die externe Betrachtung zusammen, so kann letztendlich eine Angleichung der Agentenzahl an das Anrufaufkommen realisiert werden (vgl. Abb. 9).

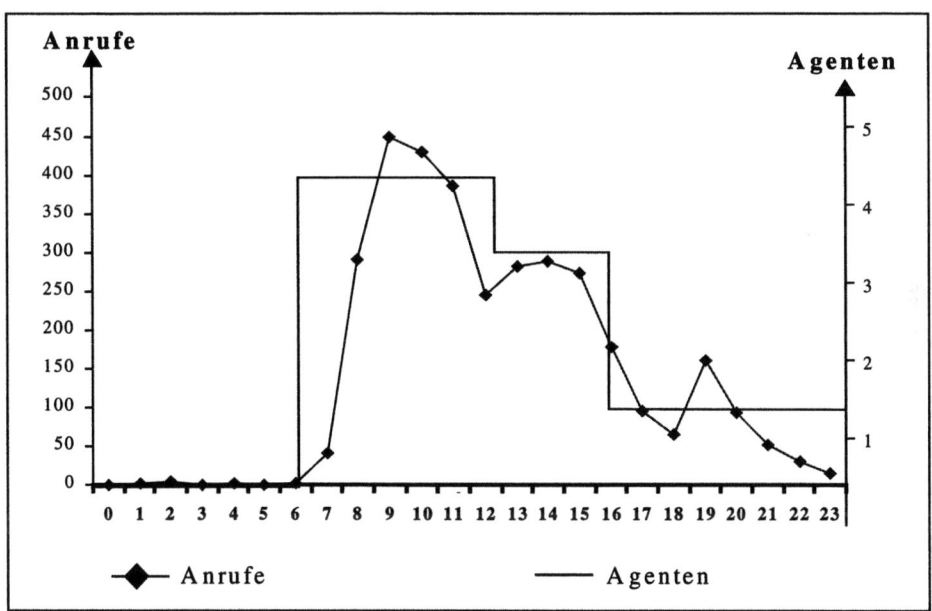

Abb. 9: Kapazitätsplanung eines Call Centers

4.6. Weiterführende Literatur

Cleveland, B. et al. (1998): Call Center Management, Wiesbaden.

Menzler-Trott, E. (1999): Call Center Management. Ein Leitfaden zum effizienten Kundendialog, München.

Thieme, K.H./ Steffen, W. (1999): Call Center. Der professionelle Dialog mit dem Kunden, Landsberg.

5. Die tatsächliche Call Center-Konzeption

Der Vorstand und die Bereichsleitung der Power AG entschlossen sich zu der Einführung eines Call Centers unter Berücksichtigung eines ehrgeizigen Zeitplans: Angestrebt wurde ein Probebetrieb des Call Centers innerhalb eines halben Jahres und der Vollbetrieb innerhalb von neun Monaten.

Zielsetzung der Einführung eines Call Centers war es, die Kundenzufriedenheit und die Kundenbindung zu steigern, die gesamten Vertriebskosten inklusive der Customer Care-Aufgaben zu senken sowie das Serviceangebot der Power-AG zu verbessern. Um die Akzeptanz des Call Centers und seines neuen Service-Angebots sicherzustellen, legte die Power AG anspruchsvolle, in der Abbildung 10 dargestellte Servicelevel fest.

Servicelevel des Call Centers der Power AG

- Mindesten 80 % aller Anrufe werden innerhalb von 20 Sekunden entgegengenommen.
- Maximal 5 % der Anrufe werden nicht angenommen, beziehungsweise gehen verloren.
- Die maximale Verweildauer in der Warteschleife beträgt 60 Sekunden.
- 90 % aller eingehenden Kundenanfragen (inklusive Briefe, Mails und Faxe) werden am gleichen Tag bearbeitet.
- 95 % der Spezialanfragen, die nur im Back-Office bearbeitet werden, sind innerhalb von 48 Stunden zu erledigen.
- Eine schriftliche Antwort wird innerhalb von drei Arbeitstagen nach Posteingang in 95% der Fälle garantiert.
- 95% aller durch das Call Center gemachten Zusagen werden eingehalten.
- Die Erreichbarkeit soll über verlängerte Service-Zeiten (Montag-Freitag 07:00-19:00 Uhr) entscheidend verbessert werden.
- Für Störungsfälle wird im Call Center ein 24-Stunden-Bereitschaftsdienst garantiert.
- Mindestens 80% der aufwendigeren telefonischen Anfragen werden im Back-Office innerhalb vertretbarer Antwortzeiten erledigt.
- Sämtliche Vorgänge werden einer permanenten Qualitätskontrolle unterzogen.

Abb. 10: Servicelevel des Call Centers der Power AG

Nicht originäre Vertriebsaufgaben wie die Zählerablesung bei den Kunden, die Kalkulation der Anschlußkosten und der Austausch von defekten Stromzählern wurden vom Vertrieb in den technischen Bereich abgegeben, der für den reibungslosen Betrieb der Stromversorgung verantwortlich zeichnet (Netzbetrieb). Die operative Vertiebsmannschaft sollte sich voll auf ihre Kernaufgabe konzentrieren: die Beratung und den Abschluß von Verträgen.

Bezüglich der Privatkunden hat sich die Bereichsleitung entschieden, die regionalen Vertriebsmitarbeiter vollständig zu entlasten und alle lokalen Customer Care-Aufgaben in das zentrale Call Center zu integrieren. Abb. 11 verdeutlicht, daß neben den klassischen Customer Care-Aufgaben wie Beratung, Bearbeitung von Änderungen der Kundendaten, Abrechnung sowie Bearbeitung von Rückfragen und Reklamationen auch das aktive Marketing durch das Call Center erfolgen soll. Hier gilt es, insbesondere Rückfragen von Kunden, die bei der Einführung neuer Produkte, Tarife und Zusatzdienste entstehen, zu beantworten. Darüber hinaus soll die Call Center-Kapazität für den Telefonvertrieb und für erste Kundenbefragungen genutzt werden.

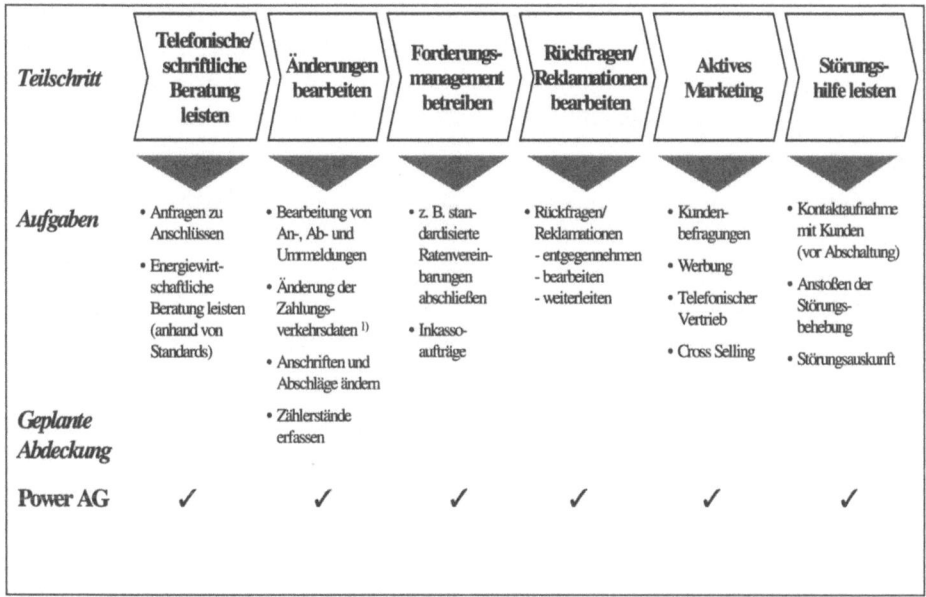

Abb. 11: Abdeckung des Call Centers

Um ein möglichst reibungsloses „Umklappen" der gesamten Vertriebs- und Customer Care-Prozesse zu gewährleisten, entschied sich die Bereichsleitung für eine stufenweise Integration der Customer Care-Aufgaben. So wurden die Customer Care-Aufgaben aus den einzelnen Regionen Schritt für Schritt in das zentral angesiedelte Call Center verlagert. Diese behutsame Vorgehensweise ermöglichte ein „Hineinwachsen" der vorwiegend aus der Außendienst-Mannschaft, der Abrechnungsabteilung und der allgemeinen Verwaltung rekrutierten Mitarbeiter in die neue Verantwortung. So wurden zum Beispiel zuerst die Regionen Nord und Ost in das fast vollständig besetzte Call Center geschaltet. Die hohen Personalressourcen eröffneten die Möglichkeit, daß erfahrene Kundenberater neue Mitarbeiter in ihren Aufgaben coachen konnten.

Die Ableitung der nötigen Mitarbeiterkapazität wurde mit Hilfe der in Abbildung 3 dargestellten Arbeitszeit-Analyse ermittelt. Dabei wurden für die im Call Center definierten Aufgaben die Bearbeitungszeitdauer mit der Anzahl der Vorgänge multipliziert, woraus sich der aufgabenspezifische Gesamtaufwand ergab. Eine weitere Erhöhung der gesamten Mitarbeiterkapazität ergab sich aufgrund der „55-Minuten-Regelung". Als Summe ergab sich auf dieser Basis ein Bedarf von circa 38.000 Stunden. Die auf diese Weise ermittelte Stundenkapazität wurde wie folgt auf Mannjahre umgerechnet: 365 Tage pro Jahr abzüglich 104 Wochenend-Tage, 30 Urlaubstage und 11 gesetzliche Feiertage entsprechen 220 Arbeitstagen im Jahr. Bei durchschnittlich 7,5 Arbeitsstunden pro Arbeitstag erhielt man letztendlich 1.650 Stunden für ein Mitarbeiterjahr. Für die Kapazitätsberechnungen wurden von diesen 1.650 Stunden zusätzlich 150 Stunden für Trainingsmaßnahmen, krankheitsbedingten Ausfall etc. abgezogen. Insgesamt ergab sich daraus eine Kapazität von ca. 26 Mitarbeiterjahren (vgl. Abb. 12).

Für die Leitung des Call Centers wurden darüber hinaus ein Mitarbeiterjahr für den Leiter sowie zwei Mitarbeiterjahre für Supervisoren eingeplant. Vorgesehen wurde weiterhin eine Kapazität zur Vor- und Nachbereitung von 10% (3834 Stunden). Um Leerlaufzeiten zwischen den einzelnen Anrufen zu berücksichtigen, wurde zusätzlich ein Kapazitätspuffer von 10 Prozent (3.834 Stunden) definiert. Als Summe wies das Call Center somit eine Kapazität von ca. 34 Mitarbeiterjahren auf

Die Aufteilung der Mitarbeiterjahre auf das Front- und Back-Office wurde mit Hilfe eines ähnlichen Simulationsmodells durchgeführt. Wie in Abbildung 13 verdeutlicht wurde hier auf der Basis der täglichen Anrufverteilung und der maximalen Anrufanzahl von 1000 täglichen Anrufen die Spitzenlast, die im Front-Office zur Verfügung stehen muß, berechnet. Um diese Spitzenlast abdecken zu können, sind gemäß dieser Berechnungen 17 Mitarbeiter im Front-Office vorzuhalten. Die berechnete Kapazität von 31 Agenten wurde deshalb gemäß den Erfahrungswerten in bereits installierten Call Centern zu einem Drittel dem Front-Office und zu zwei Dritteln dem Back-Office zugeteilt. Sieben der dem Back-Office zugewiesenen Agenten wurden jedoch als sogenannte „Swinger" definiert, die in Spitzenzeiten das Front-Office verstärken, um die notwendige Kapazität von 17 Agenten abzudecken.

Erfolgreiches Customer Care der Power AG mittels Call Center

Prozessschritt- Aktivität	Bearbeit. Zeit in min.	Anzahl Vorgänge	Gesamtaufwand in Std./p.a. MA/Std	1 Std= 55min. MA/Std
1. Beratung leisten				
Beratung über Tarifauskünfte	5	13.000	1083,3	1180,8
Beratung über Stromlieferverträge	5	1.250	104,2	113,5
Produktberatung und -information	10	12.500	2083,3	2270,8
2. Änderung bearbeiten				
Annahme/Weiterleitung und Koordination von Kundengesprächen	10	6.500	1083,3	1180,8
Abmeldungen von Stromanschlüssen	5	17.000	1416,7	1544,2
Vertrag für Wiedereinschaltungen von Stromanschlüssen	5	5.000	416,7	454,2
Anmeldungen von Stromanschlüssen	10	15.000	2500,0	2725,0
Ummeldungen von Stromanschlüssen	5	82.000	6833,3	7448,3
Neuanschluss von Stromanschlüssen	10	5.000	833,3	908,3
Zählerstände telefonisch erfassen	5	2.500	208,3	227,1
Kundenakte führen	30	2.100	1050,0	1144,5
3. Forderungsmanagement betreiben				
Inkasso telefonisch	10	2.500	416,7	454,2
Ratenzahlungsvereinbarungen	7	2.500	291,7	317,9
4. Rückfragen/Reklamationen bearbeiten				
Rückfragen zur Rechnung	8	45.000	6000,0	6540,0
Rückfragen zur Mahnung	8	32.000	4266,7	4650,7
Technische Reklamationen	8	3.000	400,0	436,0
Follow-up der Reklamationen/ Rückfragen	15	8.000	2000,0	2180,0
5. Aktives Marketing				
Direktmarketing durchführen	5	40.000	3333,3	3633,3
Kundenbefragungen durchführen	10	2.000	333,3	363,3
6. Störungshilfe leisten				
Auskünfte bei Netzstörungen geben	10	3.000	500,0	545,0
Störungsbehebung intern anstossen	5	300	25,0	27,3
Summe in Std.			35179,2	38345,3
Summe in Mitarbeiterjahre (1MJ = 1500 Std)			23,5	25,6

Abb. 12: Dimensionierung der Mitarbeiterkapazität

Berechnung Volllast						
Tageszeit	Prozent-wert	Anrufe	Ø Gesprächs-dauer	Arbeits-minuten	: 55 Min. je Kontakterstunde	Anzahl Volllast
07.00 - 08.00	1,8	18	5	90	1,6	2
08.01 - 09.00	15,4	154	5	770	14	14
09.01 - 10.00	18,4	184	5	920	16,7	17
10.01 - 11.00	15,4	154	5	770	14	14
11.01 - 12.00	13,6	136	5	680	12,3	13
12.01 - 13.00	5,1	51	5	255	4,6	5
13.01 - 14.00	9,8	98	5	490	8,9	9
14.01 - 15.00	9,3	93	5	465	8,5	9
15.01 - 16.00	7,0	70	5	350	6,3	7
16.01 - 17.00	2,1	21	5	105	1,9	2
17.01 - 18.00	1,3	13	5	65	1,2	2
18.01 - 19.00	0,8	8	5	40	0,7	1
Total	*100*	*1000*		*5000*	*90,9*	

Abb. 13: Berechnung der Maximalbesetzung des Front-Office

Für die 34 Mitarbeiter des Call Centers wurde eine neue Abteilung „Customer Care" gegründet und direkt dem Privatkundenvertrieb der Power AG unterstellt. Die Abteilung untergliedert sich je in zwei Front-Office- und zwei Back-Office-Teams (vgl. Abb. 14).

Im Front-Office der Power AG werden telefonische Anfragen der Kunden bearbeitet. Die Aufgaben des Front-Office stellen sich wie folgt dar:

- Zentrale Anlaufstelle für telefonische und schriftliche Anfragen
- Beantwortung der Standardfragen
- Weiterleitung von Spezialfragen an das Back-Office sowie an weitere Fachabteilungen der Power AG (z.B. Kundenberater, Netzbetriebsleitungen)

Inhaltliche Schwerpunkte des Front-Office sind telefonische Beratung, Änderung von Kundendaten, Mahnwesen (Forderungsmanagement), Bearbeitung von Rückfragen und Reklamationen, Störungshilfe sowie aktives Marketing.

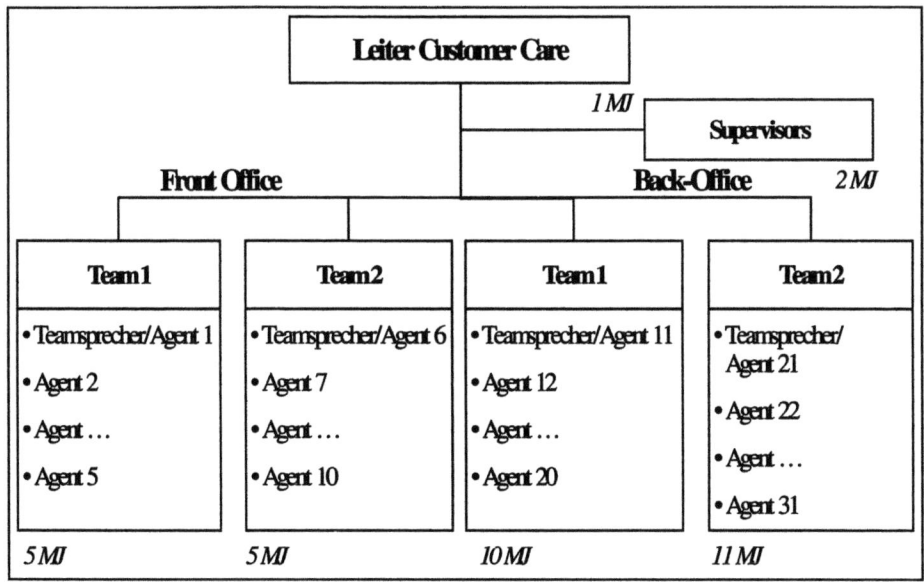

Abb. 14: Soll-Struktur des Call Centers

Das Back-Office der Power AG ist die Anlaufstelle für telefonische und schriftliche bzw. elektronische Anfragen. Die Hauptaufgabe besteht hierbei in der Bearbeitung und Beantwortung von Spezialanfragen. Diese Spezialanfragen beziehen sich zum Beispiel auf Forderungsmanagement, Störungshilfe, Reklamationen und Spezialfragen zu den Tarifen, Produkten und natürlich zur Abrechnung.

Die ambitionierten Zeitvorgaben führten zu einer sehr straffen Projektplanung, um innerhalb von neun Monaten die Funktionsfähigkeit des Call Centers sicherzustellen (vgl. Abb. 15).

Ausgangspunkt der Projektarbeiten war die Erstellung eines Fachkonzeptes. Das in nur zwei Monaten erstellte Grobkonzept wurde anschließend in drei Monaten detailliert. Die Personalauswahl erfolgte während der Sommermonate und dauerte aufgrund der Urlaubszeit zwei Monate, in denen die künftigen Call Center-Agenten einen Audit durchliefen. Parallel dazu wurden die Pflichtenhefte der Telekommunikationsanlage (ACD-Anlage) erstellt und anschließend durch das DV-Pflichtenheft ergänzt. Definiert wurden dabei die Anforderungen, Abläufe und Funktionsweisen der Hardware- und Software-Ausstattung des Call Centers. Für die Umbauarbeiten wurde eine Frist von vier Monaten definiert, damit die Schulungen der Call Center-Agenten bereits ab Ende Oktober in der neuen Umgebung und am neuen Arbeitsplatz durchgeführt werden konnten. Ab Dezember wurde bereits der Teilbetrieb geplant, um unter realen Bedingungen den reibungslosen Ablauf zu erproben und die „Kinderkrankheiten" des Call Centers abzustellen. Anfang Januar sollte letztendlich die feierliche Eröffnung des Call Centers stattfinden.

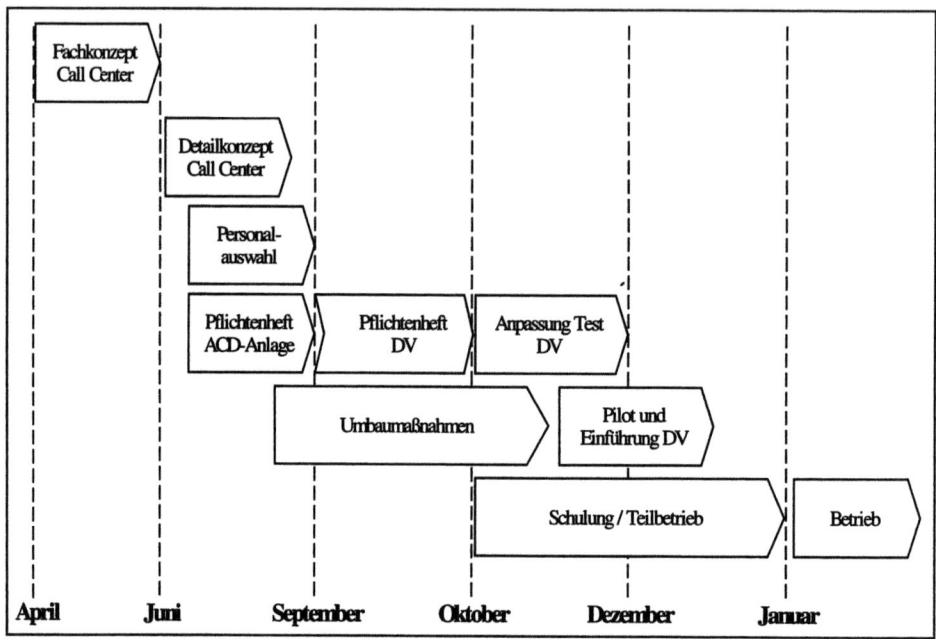

Abb. 15: Zeitplanung für den Aufbau des Call Center

Alle Projektschritte konnten erfolgreich eingehalten bzw. zeitlich sogar unterschritten werden, so daß in der Realität das Call Center bereits Mitte Dezember den Betrieb aufnehmen konnte. Insbesondere die verbesserte Erreichbarkeit und die erhöhte Serviceorientierung wurde von den Kunden äußerst positiv aufgenommen, was laut ersten Einschätzungen zu einer deutlichen Verbesserung der Kundenbeziehung führte. Das Call Center der Power AG entwickelte sich zu einem neuen Eckpfeiler der Kundenbindungsstrategie.

Neben der Verbesserung der Servicequalität stellte sich ein weiterer Projekterfolg ein. So konnte durch die Überführung der dezentralen Customer Care-Aufgaben in das Call Center die Anzahl der Kundenbüros deutlich gesenkt werden. Flankiert durch ein attraktives Vorruhestandsmodell wurde die Anzahl der Vertriebsmitarbeiter ebenfalls angepaßt. Beide Aktivitäten führten insgesamt zu einer signifikanten Reduzierung der Vertriebskosten und trugen somit maßgeblich zur Stärkung der Wettbewerbsposition der Power AG bei.

Insgesamt hat die Power AG ihre beiden Hauptziele bei der Neugestaltung des Tarifkundenvertriebs durch die Einführung eines Call Centers zu 100% erreicht: Höhere Kundenzufriedenheit und signifikante Kosteneinsparungen.

Differenzierungs- und Markteintrittsstrategie des Mobilfunk-Netzbetreibers „Cellvic" bei Daten-Mehrwertdiensten

von Thomas Wolf

1. Problemstellung

1.1. Wesentliche Merkmale des Mobilfunks

Bei digitalem Mobilfunk auf Basis des GSM-Standards (Global System for Mobile Communication) handelt es sich um den weltweit erfolgreichsten Standard für Mobilfunktechnologien. Man unterscheidet zwischen dem GSM 900 Standard, der im Bereich von 900 MHz arbeitet (in Deutschland die Anbieter „Multinet" und „Digifone") und dem DCS 1800 Standard, der im Bereich 1800 MHz (in Deutschland die Anbieter „Cellvic" und „Futurecom") angesiedelt ist. Die elektromagnetischen Wellen haben bei 1,8 GHz eine wesentlich geringere Reichweite als bei 900 MHz. Aus diesem Grund müssen bei DCS 1800 die einzelnen Funkzellen kleiner ausgelegt werden. Die Beschränkung auf kleine Funkzellen stellt unter rein technischen Gesichtspunkten jedoch keinen Nachteil dar, da kleinere Funkzellen eine geringere Sendeleistung und Abmessung der Endgeräte ermöglichen. Außerdem können um so mehr Teilnehmer im Netz kommunizieren, je kleiner die Funkzellen des Netzes sind, da wegen der größeren Anzahl an Mikrozellen im Netz auch mehr Funkkanäle zur Verfügung stehen. Beiden GSM-Standards gemeinsam ist der in der Abbildung 1 dargestellte Netzaufbau.

Den tatsächlich mobilen Teil des Netzes bildet das Funknetz, welches sich aus Mobiltelefonen zusammensetzt, die in direktem Kontakt mit den Basisstationen (Antennen) stehen. Die Basisstationssysteme sind wiederum verknüpft mit den digitalen Vermittlungsstellen (MSC = Mobile Switching Center), welche mit den erforderlichen Registern der Benutzerinformationen, der Authentisierung des Kunden und der Besucher im Netz Daten abgleichen. Die Vermittlungsstellen sind letztlich mit der gesamten Festnetzinfrastruktur verbunden.

An der komplexen Wertschöpfungskette zur Erbringung von Mobilfunk-Dienstleistungen ist eine Reihe verschiedener Unternehmen beteiligt, die entweder ein Glied oder auch mehrere Glieder in der Wertschöpfungskette realisieren. Die Abbildung 2 dient dazu, diesen Sachverhalt zu veranschaulichen.

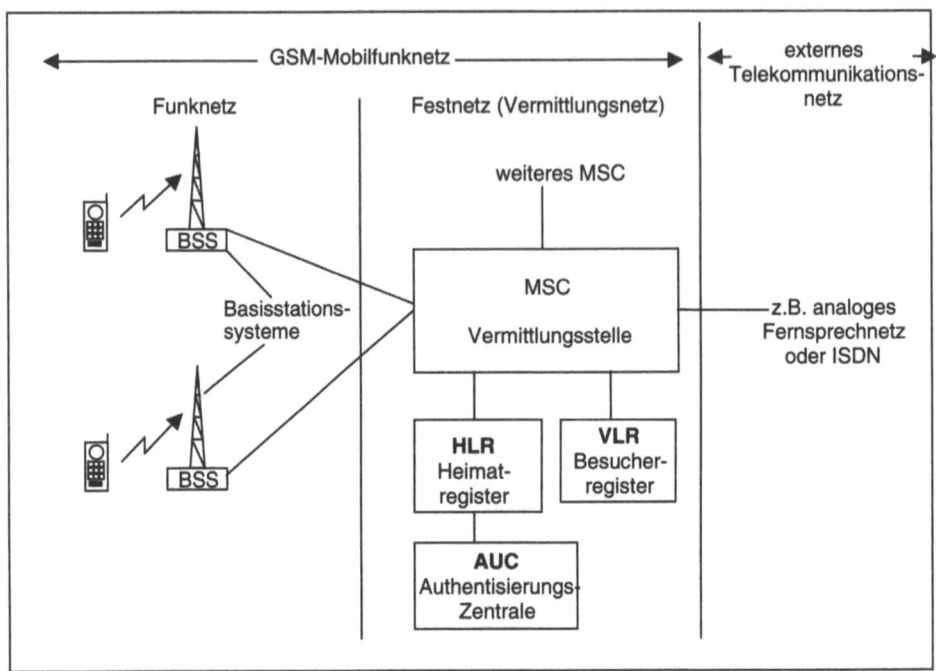

Abbildung 1: Aufbau des GSM-Mobilfunknetzes

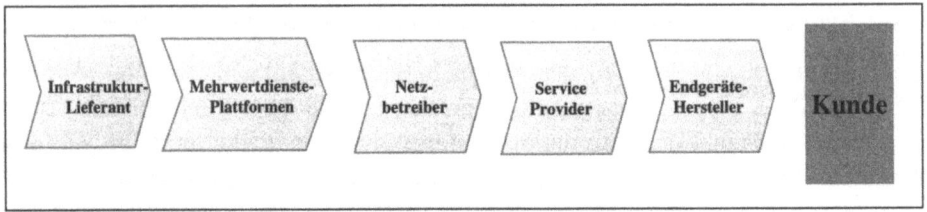

Abbildung 2:   Wertschöpfungskette Mobilfunk

Bei den Infrastrukturlieferanten handelt es sich um große Ausrüster der in der Abbildung 1 dargestellten Komponenten wie Basisstationen, Vermittlungsstellen etc. Firmen wie Nokia, Siemens, Ericsson, Nortel oder Lucent Technologies beliefern die Netzbetreiber mit der erforderlichen technologischen Basis-Plattform. Neben diesen Basiskomponenten gibt es eine Reihe intelligenter Zusatztechnologien wie Sprachcomputer-Systeme, Short Message Service Center oder auch Cell Broadcast Center zur Verteilung von Textnachrichten in den einzelnen Funkzellen des Netzes. Diese Leistungen werden zum Teil auch von den oben genannten Firmen, aber auch von spezialisierten Systemhäusern wie Materna Information&Communications in Dortmund oder CMG in Holland erbracht.

Durch diese Mehrwertdienste-Plattformen werden intelligente Mehrwertdienste wie SMS (Short Message Service) und der Abruf von Faxinformationen oder Paßwörtern über einen Sprachcomputer erst möglich.

Die Netzbetreiber (Unternehmen wie „Multinet", „Digifone", „Cellvic" und „Futurecom") sind Käufer dieser Systeme und vermarkten die darauf aufsetzenden Produkte wie Telefoniedienste, Datendienste etc. als Mobilfunkdienste unter ihrer eigenen Marke. Nächstes Glied in der Wertschöpfungskette sind die Service Provider, die Telefonminuten und Dienste beim Netzbetreiber einkaufen und im eigenen Namen sowie auf eigene Rechnung vermarkten. Diese Unternehmen wie debitel, Talkline oder Mobilcom haben darüber hinaus natürlich die Möglichkeit, auch eigene Dienste zu entwickeln und anzubieten, wobei sie dann in der Regel eigene Mehrwertdienste-Plattformen an die Netze der Netzbetreiber anschließen müssen.

Das letzte Glied in der Kette zum Kunden bilden die Endgerätehersteller wie z.B. Nokia, Motorola, Ericsson, Siemens und Panasonic, die den Verkauf ihrer Geräte einzeln oder im Paket mit einem Mobilfunkvertrag des jeweiligen Anbieters über die Netzbetreiber und Service Provider realisieren. Das direkte Verhältnis zum Kunden im Mobilfunk haben die Netzbetreiber und die Service Provider, welche die Rechnung schreiben und Endgeräte in großer Stückzahl durchreichen.

Für den Kunden stehen letztlich die Dienste, die er über ein Mobilfunknetz nutzen kann, im Vordergrund. Diese Dienste werden üblicherweise in Basisdienste und Mehrwertdienste unterteilt (vgl. Abb. 3). Im Rahmen dieser Fallstudie bilden die Mehrwertdienste den Schwerpunkt der Betrachtung. Sie zeichnen sich dadurch aus, daß sie für den Kunden einen Zusatznutzen auf der Basis der eigentlichen Übermittlungsleistung erbringen.

1.2. Situation bei Daten-Mehrwertdiensten

Im deutschen Mobilfunkmarkt wie auch auf den internationalen Mobilfunkmärkten reift trotz des überproportionalen Wachstums der Kundenzahlen die Erkenntnis, daß mit der reinen Bereitstellung des Übertragungswegs und der Vermittlung von Telefonminuten nicht mehr die gewünschten Erträge erzielt werden können. Es zeigte sich in Skandinavien, der Region mit der höchsten Mobilfunk-Marktdurchdringung, daß bei einer Marktpenetration von 28% erstmalig die Umsätze im Bereich SMS (Short Message Service – ein bidirektionaler textbasierter Kurzmitteilungsdienst) die Umsätze im Bereich der Sprach-Mailbox-Benachrichtigungen (intelligenter Anrufbeantworter im Netz) überstiegen. In Deutschland ist dieses interessante Phänomen noch deutlicher zu beobachten, da hier bereits bei einer Marktpenetration von 19% große deutsche Netzbetreiber ein größeres Umsatzplus mit ihren SMS-Diensten als mit ihren Sprach-Mailbox-Benachrichtigungen erwirtschafteten.

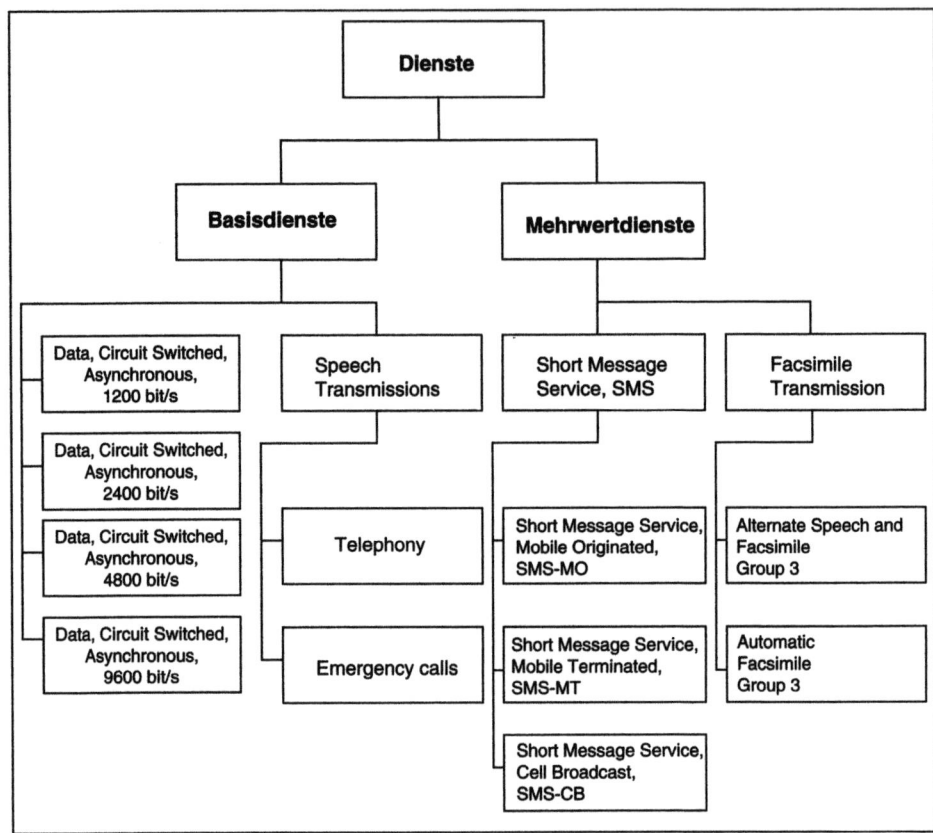

Abbildung 3:   Einteilung in Basis- und Mehrwertdienste

Mit SMS können schriftliche Kurzmitteilungen an einzelne oder gleich mehrere Empfänger gesendet werden. Damit lassen sich bis zu 160 alphanumerische Zeichen oder 140 Bytes übertragen und über das Display des Mobiltelefons ablesen. Bei der Übermittlung von kurzen Nachrichten kann dieser Service als interaktiver Zweiwegekanal zwischen Sender und Empfänger angesehen werden. Die Übertragung von Kurzmitteilungen erfolgt immer über die Kurzmitteilungs-Zentrale im digitalen Mobilfunknetz, die die Nachrichten an den jeweiligen Empfänger weiterleitet. Im Normalfall erhält der Empfänger die Kurzmitteilung in Sekundenschnelle. Die Kurzmitteilungs-Zentrale speichert Nachrichten, die nicht sofort zustellbar sind (z.B. Mobiltelefon ist ausgeschaltet), und versucht immer wieder, den Kunden zu erreichen. Vorteilhaft ist, daß Kurzmitteilungen auch empfangen werden können, wenn der Kunde gerade telefoniert. Beim Eintreffen einer Nachricht erscheint im Display eine entsprechende Meldung. Da jede Kurzmitteilung automatisch auf der SIM-Karte (Subscriber Identity Module) oder im Speicher des Telefons abgelegt wird, kann sie dort sofort oder später abgerufen werden.

Die zunehmende Bedeutung von SMS resultiert jedoch nicht nur aus der Möglichkeit des reinen Verschickens von Kurzmitteilungen zwischen Mobilfunkkunden im gleichen oder vom eigenen Netz in andere Mobilfunknetze, sondern auch aus den sogenannten Value Added Services (Mehrwertdienste) auf der Basis des Kurzmitteilungsdienstes. Die Bandbreite der Dienste erstreckt sich von sogenannten Content-Diensten[1] wie aktuellen Meldungen, Sport-News und Börseninfos über individuelle Klingeltöne und Bildmitteilungen bis hin zu Chat-Diensten. Bei Chat-Diensten können die Kunden in einer Chatgruppe mobil über SMS miteinander kommunizieren. Schließlich erhält jeder Kunde auch die Möglichkeit, seinen eigenen Informationskanal zu betreiben. So versorgen beispielsweise Fußballfans ihren eigenen Kanal mit Informationen über ihren Lieblingsverein, die sie über SMS an andere interessierte Fans verschicken.

Zu Beginn der Einführung der Mehrwertdienste im Jahr 1996 realisierten die Anbieter schrittweise die sogenannten Gateway-Services.[2] Hierzu zählen etwa das Versenden von Kurzmitteilungen in andere Netze, das Verschicken von SMS auf Faxgeräte ins Festnetz sowie das Senden von SMS zu E-Mail-Adressen und das Empfangen der zurückgesendeten Email-Nachrichten mit dem Mobiltelefon. Bei der Einführung dieser echten Produktinnovationen übernahm der Netzbetreiber „Digifone" stets die Rolle des Pioniers. In der Regel folgte nach einer vergleichsweise großen Zeitspanne der Netzbetreiber „Multinet" mit einer Copy-Strategie. Die beiden später in den Markt eingetretenen Unternehmen „Cellvic" und „Multinet", die ihre Mobilfunklizenz erst drei bzw. fünf 5 Jahre nach „Digifone" und „Multinet"erhalten hatten, folgten – wenn überhaupt - zu einem noch späteren Zeitpunkt.

Zu den jeweils großen Branchenereignissen wie der CeBIT in Hannover und der Internationalen Funkausstellung in Berlin unterstrich „Digifone" seine führende Rolle als Innovator. Beispielsweise stellte das Unternehmen 1997 als erster Netzbetreiber das Handy als Info-Terminal vor, mit dem der Kunde aktuelle

---

[1] Bei Content-Diensten werden die 160 Zeichen der SMS mit redaktionellen Inhalten gefüllt, und zwar bezogen auf alle relevanten Themen vergleichbar mit denen einer Tageszeitung.

[2] Gateways sind automatische Schnittstellen zu Fax- und E-Mail-Diensten wie auch die Schnittstellen zu anderen Mobilfunknetzen.

Informationen auf sein Handy bestellen kann. Die aktuellen Neuigkeiten erstrecken sich auf Wunschthemen aus den Bereichen Wirtschaft, Sport, News, Wetter, Kultur und Trends. Alle Informationen bekommt der Kunde in Form von Kurzmitteilungen direkt auf sein Mobiltelefon geschickt. Je nach Art der Information kann er wählen, wie oft er diese Information erhalten möchte: als Abonnement in festen zeitlichen Intervallen (z.B. täglich oder wöchentlich), anläßlich bestimmter Ereignisse oder als einmalige Informations-Abfrage. Diese Dienste wurden bis zur CeBIT 1999 nur von dem Anbieter „Multinet" kopiert. „Cellvic" und „Futurecom" mußten sich bis zu diesem Zeitpunkt darauf konzentrieren, die aus dem späteren Markteintritt resultierenden Defizite aufzuholen, was sich im Aufbau des Netzes und in der Fokussierung auf die Sprachdienste manifestierte.

Zur CeBIT 1999 baute „Digifone" seinen Vorsprung weiter aus, indem das Unternehmen als weltweit erster Netzbetreiber eine Plattform im Internet anbot, auf der alle Kunden seines Netzes eigene Informationskanäle eröffnen (Verleger eines Kanals) und betreiben konnten. Mit dem „Digifone-Publisher" erstellt der Kunde selbst Informationen in Textform (Autor seines Kanals) und bietet diese Informationen allen Abonnenten seines Kanals zu einem bestimmten Preis an. Analog zu anderen Kurzmitteilungen kann der Empfänger diese Informationen auf seinem Handy-Display ablesen. Diese einfache und günstige Kommunikations-Plattform eröffnet z.B. die Möglichkeit, Vereinsmitglieder über aktuelle Ergebnisse zu informieren oder mit Freunden über den persönlichen SMS-Chat in Kontakt zu bleiben. Unternehmen können ihre Kunden kostenlos über aktuelle Angebote informieren bzw. kostengünstig mit ihren Mitarbeitern kommunizieren (Gruppenversand). Dieses bislang einmalige Produktkonzept, den Kunden in die Lage zu versetzen, gemäß seiner individuellen Bedürfnisse selbst Mehrwertdienste zu entwickeln, konnte bis dahin von keinem der Mitbewerber imitiert werden. Folglich schien der Abstand von „Digifone" zur Konkurrenz weiter zu wachsen und seine Marktposition als Pionier unantastbar zu sein.

Die aktuelle Entwicklung bei den Daten-Mehrwertdiensten führte insbesondere bei den Nachzüglern „Cellvic" und „Futurecom" zu einem gravierenden Problem. Hauptumsatzträger waren die reinen Sprachdienste, während die beiden Unternehmen bei Mehrwertdiensten, speziell bei den Datendiensten, insbesondere aufgrund vielfältiger Schwierigkeiten in den anderen Bereichen (z.B. Abrechnung, Vertriebssteuerung oder Customer Care) keine marktadäquaten Produkte entwickelt hatten. Außerdem hatten diese beiden Anbieter die Festlegung einer strategischen Zielrichtung bei den Datendiensten bislang versäumt. Der wachsende Druck, ausgelöst durch „Digifone", machte es erforderlich, Optimierungsprozesse in den Bereichen Netzaufbau, Vertrieb, Abrechnung und Customer Care schneller in Gang zu setzen, um sich den strategischen Erfordernissen des Marktes und insbesondere dem Konkurrenzangebot zu stellen.

Möglichkeiten, den Vorsprung von „Digifone" aufzuholen, gab es für die anderen Anbieter durchaus. Obwohl „Digifone" stets darauf bedacht war, als erster Anbieter mit Produktinnovationen am Markt präsent zu sein, erzielte das Unternehmen mit seinen innovativen Informations- bzw. Chat-Diensten keine befriedigenden Erträge. Gründe hierfür sind fehlende zielgruppenspezifische Marketingmaßnahmen, falsche Preis-Modelle sowie die unzureichende Produktwerbung für die neuen Produkte.

Verschiedene Experten (z.B. externe Beratungs- und Marktforschungsunternehmen) richteten den Vorwurf eines „Lag of Marketing", d.h. einer zu großen Technik-Lastigkeit, an die Adresse aller deutschen Netzbetreiber. Mehrwertdienste wie SMS sind nach Expertenmeinung zu 10% Technologie und zu 90% gutes Marketing. Trotzdem tragen die Netzbetreiber Produkte wie SMS auf technologischem Wege an die Kunden heran, anstatt sich auf die Bedürfnisse relevanter Zielgruppen und deren aktive, aussagekräftige Bearbeitung zu konzentrieren. Es galt also für „Cellvic", diese Chance zu ergreifen und sich bei der Entwicklung und Vermarktung von Mehrwertdiensten mehr auf den Kunden, seine Bedürfnisse und ein entsprechendes Marketing zu konzentrieren.

Nach der CeBIT 1999 zeichnete sich für den Netzbetreiber „Cellvic" die Notwendigkeit einer strategischen Veränderung in zwei Bereichen ab: Zum einen mußte „Cellvic" schnell auf die attraktiven, wachsenden SMS-Dienste des Wettbewerbs reagieren, um den Anschluß gegenüber den anderen Anbietern nicht zu verlieren. Zum anderen galt es, eine strategische Antwort auf den bevorstehenden grundlegenden Wandel des Marktes hinsichtlich der zukünftigen Fokussierung auf personalisierte, lokalisierte Mehrwertdienste und breitbandige Datenübertragung sowie auf die Integration der Internet-Welt in den Mobilfunk zu finden.

Bereits Ende 1998 beherrschten zwei Themen alle internationalen Fachveranstaltungen: (1) der bevorstehende technologische Quantensprung hinsichtlich der Datenübertragungsgeschwindigkeit in den Netzen und (2) die Integration des Internets in die Mobilfunkwelt. Sind heute viele Anwendungen noch beschränkt auf die Übertragungsgeschwindigkeit von 9600 bit/s bei den Datendiensten und 160 Zeichen bei SMS, so wird mit den neuen Technologien (vgl. Kap. 2.4.) in Zukunft eine Datenrate von bis zu 2 MB/s erreicht. Diese Entwicklung eröffnet die Möglichkeit für viele neue Anwendungen und Dienste von der mobilen Bildtelefonie bis zum vollwertigen mobilen Internet-Zugang.

Sie selbst arbeiten im Bereich Business Development/Produktentwicklung bei dem Netzbetreiber „Cellvic" und sind Mitglied des Teams „Strategie 2000". Das Team soll auf der Grundlage vorliegender Informationen eine tragfähige Differenzierungsstrategie für den Bereich SMS-Dienste im Sinne einer Produkt-Roadmap erstellen.[1] Ihre zweite Aufgabe besteht darin, für „Cellvic" eine Markteintrittsstrategie für den Bereich der neuen Datendienste und für die Integration des Internets in die Mobilfunkwelt zu entwickeln.

2. Situationsanalyse

2.1. Entwicklung des Mobilfunk- und speziell des SMS-Marktes

Die Entwicklung des Mobilfunk-Marktes verläuft ungebrochen explosionsartig. In jedem Jahr wurden die erwarteten Planzahlen deutlich übertroffen, so daß bis Ende 1999 in Deutschland bereits 22 Mio. Mobilfunkkunden in den 4 Netzen von Digifone, Multinet, Cellvic und Futurecom telefonieren werden. Somit wird die 25-Prozent-Schallmauer der Marktpenetration zu diesem Zeitpunkt mühelos übersprungen. Die folgende Abbildung 4 zeigt den weiter zu erwartenden Verlauf.

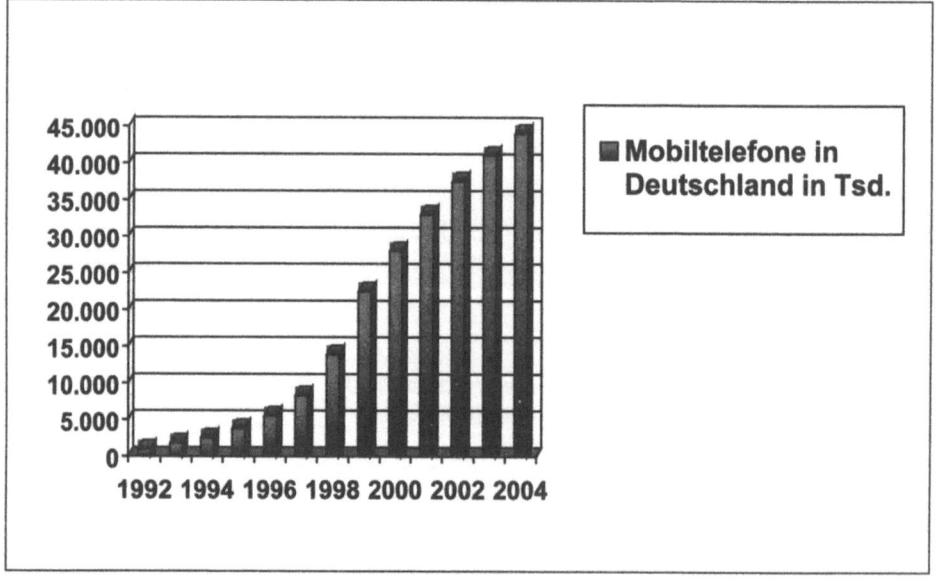

Abbildung 4: Anzahl der Mobilfunkkunden
(Quelle: Plica Marktforschung, München 1999)

---

[1] Eine „Produkt-Roadmap" zeigt gedanklich auf einem Zeitstrahl, welche Produkte stufenweise im Markt eingeführt werden sollen.

In anderen Ländern Europas, z.B. in Skandinavien oder Österreich, ist die Marktdurchdringung bereits deutlich höher, so daß auch in Deutschland zukünftige Penetrationsgrade von über 60 Prozent als gesichert gelten. Betrachtet man die Entwicklung der Kundenzahlen in Westeuropa und der Welt bis heute, so wird dieser Trend eindrucksvoll bestätigt.

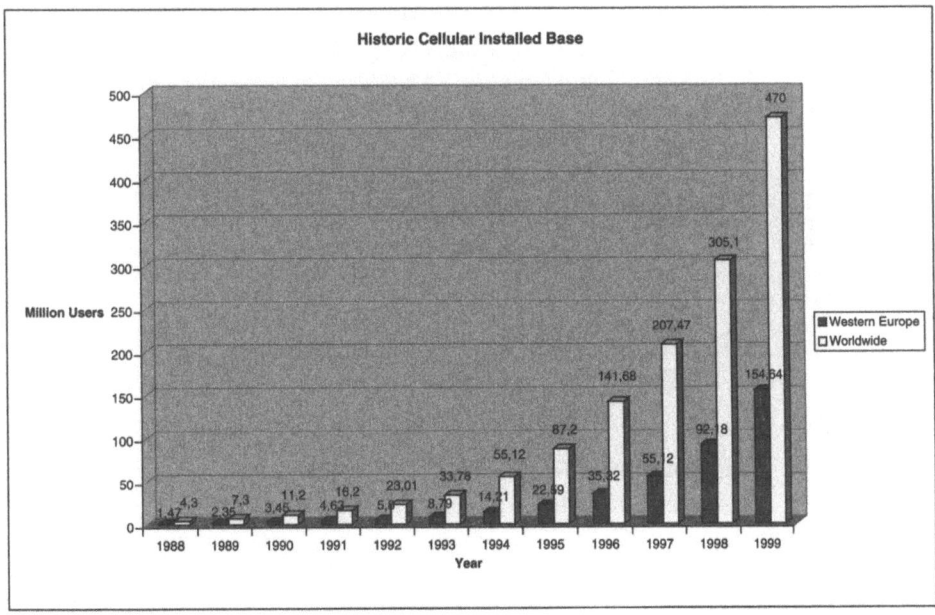

Abbildung 5: Kundenentwicklung GSM Westeuropa und weltweit
(Quelle: GSM Association, London 1999)

Explosionsartig nimmt auch die Anzahl der SMS-Nachrichten in Deutschland zu und ebenso die Anzahl der Kunden, die SMS aktiv nutzen. Die Ursache liegt zum einen darin, daß die Netzbetreiber mittlerweile alle Schnittstellen (Gateways) zu anderen Medien wie Fax und E-Mail oder in andere Mobilfunknetze zwischen den einzelnen Netzen sowie insbesondere auch zum Internet eingerichtet haben. Zum anderen hat die Möglichkeit der Nutzung von SMS durch Prepaid-Kunden (vorausbezahltes Telefonguthaben ohne Vertragsbindung) einen deutlichen Schub gebracht. Mittlerweile bieten sowohl „Digifone", „Multinet" als auch „Cellvic" das Senden und Empfangen von SMS für Prepaid-Kunden an. Bis Anfang 1999 konnten Prepaid-Kunden SMS-Nachrichten zwar empfangen, aber nicht verschicken.

„Digifone" gab Anfang 1999 bekannt, daß bereits 45 Prozent der Kunden, die jünger sind als 30 Jahre, SMS-Dienste nutzen (Anfang 1998 waren es erst 30

Prozent). Zu diesem Zeitpunkt hatten schon 100.000 „Digifone"-Kunden einen höheren Rechnungsanteil aus SMS als aus Sprachdiensten. Während sowohl „Digifone" und „Multinet" als auch „Cellvic" bei SMS ein starkes Wachstum verzeichnen können, hat Futurecom das Einrichten eigener funktionsfähiger Gateways noch nicht vollständig abgeschlossen. Aufgrund seiner Innovationen ist „Digifone" den anderen Anbieter bezüglich SMS zwar einen Schritt voraus, „Cellvic" werden jedoch wegen seiner großen Anzahl von Privatkunden und jungen Teilnehmern gute Chancen eingeräumt, den Marktdurchschnitt beim Wachstum zu übertreffen. Die folgende Abbildung 6 zeigt die Nutzung von SMS bis zum Frühjahr 1999.

Nutzung von SMS-Diensten in Deutschland				
	Ende 1996	Ende 1997	Ende 1998	Frühj. 1999
SMS-Meldungen (in Mio./Monat)	4,5	22,5	100	180
Anteil aktiver SMS-Nutzer (in Prozent)	8	15	21	23

Abbildung 6: Nutzung von SMS-Diensten in Deutschland
(Quelle: Plica Marktforschung, München 1999)

2.2. Wettbewerbssituation

Inhaber der technologischen Infrastrukturen im deutschen Markt sind die Netzanbieter „Digifone" (GSM 900 Mhz), „Multinet" (GSM 900 Mhz), „Cellvic" (GSM 1800 Mhz) und „Futurecom" (GSM 1800 Mhz). Bei den GSM-Netzen kann insbesondere in ländlichen Gebieten mit großen Funkzellen und in Stadtgebieten mit kleineren Funkzellen gearbeitet werden. Die Netze von „Digifone" und „Multinet", haben mittlerweile ihre Kapazitätsgrenzen bei einer Teilnehmerzahl von über 8 Mio. Kunden erreicht, so daß die beiden Unternehmen versuchen müssen, durch Ersteigerung zusätzlicher Frequenzen und Anwendung spezieller technischer Verfahren das Kundenwachstum mit zusätzlichen Kapazitäten aufzufangen.

Die Unternehmen „Cellvic" und „Futurecom" sind aufgrund ihres hohen Frequenzbereichs von vornherein auf kleine Funkzellen ausgelegt und müssen somit auch entsprechend mehr Zellen installieren. Daher steht diesen beiden Anbietern grundsätzlich eine höhere Netzkapazität zur Verfügung. Hinzu kommt, daß „Cellvic" mit drei Millionen Kunden und „Futurecom" mit einer Million Kunden noch lange nicht an die Grenzen der beiden Wettbewerber „Digifone" und

„Multinet" stoßen. Somit bieten sich hier Chancen für „Cellvic" und „Futurecom" insbesondere hinsichtlich der Einführung neuer Technologien und Dienste, weil noch Netzressourcen vorhanden sind, die für neue Technologien benötigt werden.

Auf die Netzressourcen der vier Netzbetreiber greifen auch die Service Provider zu (z.B. Talkline, debitel, Hutchison, etc.), die als Wiederverkäufer auftreten. Sie kaufen Telefonminuten mit einer gewissen Marge beim Netzbetreiber ein und verkaufen sie weiter an den Endkunden im eigenen Namen und auf eigene Rechnung. Sie haben somit eigene Kundenverhältnisse und wickeln auch ihr eigenes Inkasso ab. Service Provider haben natürlich die Möglichkeit, neben dem „Durchreichen" der Dienste des jeweiligen Netzbetreibers auch eigene Dienste anzubieten und sich somit gegenüber dem Netzbetreiber zu differenzieren. Diese Möglichkeit ist von besonderer Bedeutung, weil die Service Provider in einer Marktphase der ständigen Preisdegeneration versuchen müssen, ihre Kunden an sich zu binden, ohne permanent die Preise der Netzbetreiber zu unterbieten. Der Spielraum für ein Preiskampf, wie er in der Vergangenheit zu beobachten war, wird zunehmend enger und mittelfristig auf ein Nullsummenspiel hinauslaufen, da aus der verbleibenden Marge ja auch alle sonstigen Aufwendungen wie zum Beispiel der eigene Vertrieb und das eigene Customer Care-Center bestritten werden müssen.

Service Provider haben somit zum Zweck der Kundenbindung ein klares Interesse daran, Mehrwertdienste wie SMS als eigene Dienste anzubieten, um zum einen die notwendige Differenzierung gegenüber den Netzbetreibern zu gewährleisten. Zum anderen gilt es, sich die höhere Marge bei SMS-Diensten zu sichern, die sich bei reinem Durchreichen der Dienste des Netzbetreibers nicht erzielen läßt.

Im folgenden soll unterschieden werden zwischen vier SMS-Diensten: (1) Gateway-Dienste, (2) Content-Dienste, (3) Publisher-Dienste und (4) Entertainment-Dienste. Während Gatewaydienste die Schnittstelle zu anderen Netzen, zu E-Mail oder Fax realisieren, versenden Content-Dienste Informationen jeder Art als Abonnement oder als einmaligen Abruf auf das Mobiltelefon. Publisher-Dienste ermöglichen dem Kunden das Einrichten und Betreiben eigener Informationskanäle. Bezogen auf den Publisher Service ist zu unterscheiden zwischen dem 0800-Service, bei dem der Verleger der Informationen die Kosten übernimmt und die Empfänger die Informationen kostenlos erhalten. Ein Beispiel ist die Versorgung eigener Mitarbeiter mit aktuellen Informationen per SMS in einer geschlossenen Benutzergruppe. Demgegenüber eröffnet der 0900-Service dem Verleger die Möglichkeit, hochwertige Informationen zu einem bestimmten Preis anzubieten und damit Einnahmen zu erzielen. Der Empfänger dieser Informationen zahlt in diesem Fall, und der Verleger erhält eine Gutschrift auf seiner Mobilfunkrechnung. Auch hierzu ein Beispiel: Der Stadionsprecher von Borussia Dortmund verlegt den BVB-Newskanal, und alle Borussen-Fans, die den Kanal buchen, zahlen 0,39 DM für den Empfang der Informationen. Von diesem Betrag erhält der Verleger einen Anteil, während der Rest dem Netzbetreiber zufließt. Bei einem Chat-Service handelt es sich schließlich um ein Kostenteilungsmodell, d.h., Sender und Empfänger zahlen jeweils für das Einstellen und das Empfangen von Nachrichten aus der Chat-Gruppe. Eine zunehmende Bedeutung gewinnen in Zukunft die Entertainment-Dienste, die das Verschicken von Klingeltönen, Bildern und Logos sowie Spaß und Unterhaltung in Form von Horoskopen, den Witzen des Tages oder einfachen Spielen per SMS ermöglichen.

	Gateway	Content	Publisher	Entertainment
Digifone	SMS zu und von E-Mail; in andere Mobilfunknetze; SMS zu Fax	Wirtschaft/ Börse; Sport; Wetter; News; Sonderinfos	Modell 0800; Modell 0900; SMS-Chat	Musik; Witze; Horoskop; Kinotips
Multinet	SMS zu und von E-Mail; in andere Mobilfunknetze; SMS zu Fax	News; Börse; Sport; Wetter; Sonderinfos	Noch nicht verfügbar	Horoskop; Witze; TV
Cellvic	SMS zu und von E-Mail; in andere Mobilfunknetze; SMS zu Fax	noch nicht verfügbar	noch nicht verfügbar	noch nicht verfügbar
Futurecom	in andere Mobilfunknetze	noch nicht verfügbar	noch nicht verfügbar	noch nicht verfügbar
Service Provider I	SMS zu Fax; Handy-Mail	News; Sport; Regionalwetter	keine eigenen Publisher	Horoskop; Witze; TV; Gourmet
Service Provider II	SMS zu Fax; Messenger; Check-Line	Wirtschaft; Sport; Wetter; News;	keine eigenen Publisher	Witze; Horoskop; Lotto; TV
Service Provider III	Keine eigenen Gateways	Nicht verfügbar	keine eigenen Publisher	kein eigenes Entertainment
Service Provider IV	SMS zu und von E-Mail; SMS zu Fax	Wirtschaft; Sport; News; Wetter; Börse	keine eigenen Publisher	Witze; Horoskop; TV; Fitness

Abbildung 7: Wettbewerbsübersicht bei SMS-Diensten (Frühjahr 1999)

Die in der Abbildung 7 dargestellte Übersicht zeigt den Status der angebotenen Dienste im Frühjahr 1999 zur CeBIT. Neben den vier Netzbetreibern sind die vier größten Service Provider in die Gesamtübersicht integriert worden.

Die Preise für eine SMS-Meldung betragen innerhalb des Netzes bei „Digifone" und „Futurecom" 0,23 DM, bei „Multinet" und „Cellvic" 0,15 DM. Für SMS in andere Netze sowie alle weiteren Zusatzdienste wie Fax-, E-Mail-Gateway, Contentdienste sowie Publisher- und Entertainmentdienste berechnet „Digifone" 0,39 DM. Nur für den Chat-Dienst fallen bei „Digifone" für das Einstellen in eine Chatgroup und das Empfangen von Chatgroup-News jeweils 0,23 DM an. „Multinet" berechnet für die Zusatzdienste, soweit sie angeboten werden, ebenfalls 0,39 DM. Seit dem Frühjajr 1999 bietet „Cellvic" als einziger Anbieter SMS in andere Mobilfunknetze für nur 0,29 DM an, auch „Futurecom" berechnet dafür 0,39 DM. Alle Anbieter differenzieren ihre Preise in Abhängigkeit von der Nutzungsintensität: Von der hundertsten SMS an erhalten die Kunden Rabatte für die normale SMS ohne Zusatzinhalte und zahlen nur noch 0,035 DM pro SMS. Die nachfolgende Tabelle gibt einen Überblick über die Preissituation bei SMS-Diensten im Frühjahr 1999.

	Gateway	Infodienst	Publisherdienst	Chatdienst	Klingeltöne/ Bilder	Innerhalb des eigenen Netzes	Ab der 100sten SMS
Digifone	0,39 DM	0,39 DM	0,39 DM	0,23 DM	0,39 DM	0,23 DM	0,035 DM
Multinet	0,39 DM	0,39 DM	-	-	-	0,15 DM	0,035 DM
Cellvic	0,29 DM	-	-	-	-	0,15 DM	0,035 DM
Futurecom	0,39 DM	-	-	-	-	0,23 DM	0,035 DM

Abbildung 8: SMS-Preise im Frühjahr 1999

2.3. Zielgruppen

Bei den Kunden hat sich eine deutliche Verschiebung hinsichtlich der Zielgruppen ergeben. Die Gruppe der jungen Nutzer, die teilweise aus dem Paging-Segment (Scall, Quix, etc.) kommen, hat sich vergrößert und intensiv den SMS-Diensten zugewandt. SMS ist wegen der hohen Mobilität und Interaktivität ein Ausdruck ihres Lebensgefühls.

Betrachtet man die Anwender von SMS im Privatkundenbereich, so lassen sich die folgende Segmenten unterscheiden (auf Geschäftskunden wird im folgenden nicht näher eingegangen):

- Teens bzw. Jugendliche (14 – 18 Jahre)
- Studenten und Auszubildende (19 – 25 Jahre)
- Junge Business People (25 – 35 Jahre)

Im Rahmen von Trendscout-Videobefragungen wurden die Zielgruppen der Teens bzw. Jugendlichen sowie der Studenten und Auszubildenden näher beleuchtet. Die Befragung beinhaltete unter anderem die Themen „Internet", „Mobilfunk" sowie „Computerspiele/Playstation". Die Teilnehmer gaben an, im Internet speziell Chat-Dienste und Newsgroups zu nutzen. E Commerce beschränkte sich auf den Kauf von Büchern oder CD´s. Der Download von MP3-Files wurde als interessant eingestuft und bereits von den Internet-Heavy-Usern in diesen Zielgruppen regelmäßig genutzt.[1] Ein weiteres interessantes Ergebnis der Befragung war, daß Gameboy und Playstation teilweise bis zum Alter von 24 Jahren einer intensiven Nutzung unterliegen, diese Art der Freizeitbeschäftigung also nicht zwangsläufig nur auf die Jugendlichen im Alter von 14 bis 18 Jahren beschränkt ist.

Alle Befragten hatten bereits Mobiltelefone und viele gaben an, sich ein Leben ohne Handy nicht mehr vorstellen zu können. Auch im Freundeskreis gibt es nur eine Minderheit, die noch kein Handy besitzt. Der Anteil der Handy-Besitzer in der Altersgruppe bis 25 Jahre liegt nach Angaben der Netzbetreiber im Sommer 1999 bereits bei ca. 35%.

Das niedrigste Kommunikationsbudget wurde mit ca. 200,- DM angegeben, die Höchstgrenze reichte erstaunlicherweise bis zu 600,- DM. Da fast alle Befragten angaben, zu Hause nie erreichbar und ständig unterwegs zu sein, überrascht es nicht, daß das Mobiltelefon für diese Zielgruppe das zentrale Kommunikationsmittel darstellt. Über 80 Prozent der Befragten gaben an, SMS Heavy-User zu sein, d.h., die Relation SMS zu Telefonie beträgt bei Ihnen 70 zu 30 Prozent. Im Vordergrund stehen neben Unterhaltung, Verabredungen und Chatten auch Klingeltöne, Bilder und Logos, rundum alles, was die Personalisierung des Handys neben verschiedenfarbigen Oberschalen unterstützt. Der Spaßfaktor stand bei allen Befragten im Vordergrund, kritisiert wurde hingegen der immer noch als zu hoch wahrgenommene Preis für SMS. Ein ausgeprägtes Bewußtsein für bestimmte Mobilfunk-Marken war nicht gegeben. Neue Technologie-Themen wie WAP (siehe Kap. 2.4.) waren zumindest dem Namen nach bekannt.

---

[1] MP3-Files sind Musikdateien, die in diesem Format aus dem Internet heruntergeladen werden oder von CD auf den Computer überspielt und dann auf einen MP3-Player kopiert und abgespielt werden können.

2.4. Technologische Entwicklungen

Unter dem Stichwort „Konvergenz der Netze" setzen alle Netzbetreiber seit 1999 mit den neuen WAP-Diensten (Wireless Application Protocol) auf die Verknüpfung von Mobilfunk und Internet zu einem einzigartigen Synergieprodukt. Mit Hilfe spezieller WAP-fähiger Endgeräte, die über einen integrierten WAP-Microbrowser[1] verfügen, können Inhalte im Internet abgerufen werden, welche von den Anbietern in dem geeigneten WAP-fähigen Format (WML = Wireless Markup Language) bereitgestellt werden. Klassische Internetseiten werden um aufwendige Grafik- und Bildelemente bereinigt und für WAP vor allem auf den Textinhalt reduziert. WAP ist somit noch keine Technologie, die den Datentransfer beschleunigt, jedoch bestehende Inhalte aus dem Internet durch das Reduzieren dieser Inhalte auf die wesentlichen Textelemente schneller überträgt. Zudem sind durch die WAP-spezifische Gestaltung der Seiten bzw. Informationen erhebliche Verbesserungen im Bedienungskomfort sowie dynamische, interaktive Anwendungen möglich. Zu diesen Anwendungen zählen z.B. ein kompletter E-Mail-Abruf, das Ordern von Wertpapieren, die Abwicklung von Banktransaktionen oder auch das Bestellen und Bezahlen von Kleingütern wie Getränke, Schokoladenriegel und Konzertkarten.

Durch den WAP-Standard erhalten die Netzbetreiber erstmals die Chance, eine engere Kundenbindung zu realisieren, indem sie jedem Kunden ein persönliches WAP-Portal anbieten können. Das WAP-Portal stellt ähnlich wie ein Internet-Portal eine Plattform auf den Internetseiten des Netzbetreibers dar, auf der alle gewünschten Services wie beispielsweise Informationsdienste, Suchmaschinen, das persönliche Bankkonto, der persönliche E-Mail-Briefkasten sowie eigene WAP-Lieblingsseiten individuell festgelegt und gepflegt werden können. Neben der direkten Kundenansprache haben die Anbieter von WAP-Portalen auch die Möglichkeit, themenverwandte oder auch andere Produkte, die sich für E Commerce eignen, elektronisch zu verkaufen. Diese zukünftig an Bedeutung gewinnenden Dienste werden unter dem Stichwort „Mobile Commerce" zusammengefaßt.

Ein großes Problem besteht jedoch darin, daß keine WAP-fähigen Endgeräten auf dem Markt verfügbar sind, obwohl die Endgeräte-Hersteller diese schon länger angekündigt haben. Nach Auskünften, die „Cellvic" von seinen Lieferanten erhalten hat, soll auf jeden Fall das Weihnachtsgeschäft mit WAP-fähigen Endgeräten bedient werden. Die seit längerem bekannten technischen Probleme bei

---

[1] Analog zum Internet benötigt man einen Browser, um die unter WAP entwickelten Seiten auf dem Display des Handys darstellen zu können.

der Softwareerstellung für die Geräte hinterlassen jedoch bei allen Marktteilnehmern berechtigte Zweifel an diesen Aussagen.

Im Verlauf der ersten Hälfte des Jahres 2001 wird mit der Einführung von GPRS (General Packet Radio Service) flächendeckend die technische Basis für eine neue Ära der Mobilkommunikation geschaffen. Diese technische Innovation in den Netzen könnte den digitalen Mobilfunk in Deutschland revolutionieren. Datenübertragungsraten, wie sie bisher allenfalls für Festnetze gelten, werden zum Standard. Mit rund 40-50 kBit/s wird die Übertragungsrate nahezu versechsfacht und mit ISDN vergleichbar sein. Die mobile Datenkommunikation wird auf diese Weise noch schneller und komfortabler werden.

Bereits im Jahr 2000 bestünde zumindest für „Cellvic" und „Futurecom" aufgrund der verfügbaren Netzkapazitäten die Möglichkeit, sogenannte HSCSD (High Speed Circuit Switched Data)–Dienste einzuführen. HSCSD erlaubt die Bündelung mehrerer GSM-Übertragungskanäle und führt somit zu einer Erhöhung der Datengeschwindigkeit von bis zu 57,6 kbit/s. Somit ist HSCSD eine Technologie, die sehr verschwenderisch mit Netzressourcen umgeht, da vier bis sechs Kanäle für die Datenübertagung zusammengeschaltet werden. Insofern eignet sich HSCSD in erster Linie für Netzbetreiber wie „Cellvic" und „Futurecom", die noch über einen erheblichen Anteil freier Netzressourcen verfügen, da sie verglichen mit „Digifone" und „Multinet" deutlich weniger Kunden haben. Folglich könnten die beiden später in den Markt eingetretene Anbieter bei dieser Entwicklung eine Pionierrolle einnehmen. „Cellvic" arbeitet bei der Ausrüstung seines Netzes bislang eng mit dem Infrastruktur-Lieferanten Nokia zusammen (vgl. hierzu die Wertschöpfungskette in der Abbildung 2). Nokia gab bereits Ende 1998 bekannt, sowohl HSCSD als auch GPRS schnell zur Marktreife treiben zu wollen, um seinen Kunden frühzeitig diesen Quantensprung zu ermöglichen.

Mit UMTS (Universal Mobile Telecommunication System) hat die gesamte Mobilfunkwelt bereits den nächsten Entwicklungsschub im Visier. In dieser neuen Mobilfunkgeneration zeichnet sich die 2-Megabit-Datenübertragungsgeschwindigkeit für Mobilfunkanwendungen ab. Bei UMTS handelt es sich um das Projekt eines künftig universell nutzbaren Mobilfunksystems. UMTS wird Mobiltelefonie- und Funkrufdienste sowie den schnurlosen Zugang zu einem breiten Spektrum von Internet- und Multimediadiensten inklusive Video umfassen. UMTS wird kein gänzlich neuer Standard sein, sondern weitgehend auf GSM aufbauen und sukzessive auch alle GSM-Leistungsmerkmale beinhalten. Durch die stark verbesserten Kommunikationsmöglichkeiten mit einem schnellen drahtlosen Internet-Zugriff und multimedialen Anwendungen mit großer Übertragungsbandbreite werden die Anbieter den wachsenden mobilen Informations- und Kommunikationsbedürfnissen der kommenden Jahre besser gerecht werden können. Voraussichtlich ab dem Jahr 2003/2004 dürften UMTS-Dienste einsatzbereit sein.

3. Aufgaben

(1) Verdichten Sie die vorliegenden Informationen zu einer aussagekräftigen Umweltanalyse, die als Grundlage für die Strategieplanung von „Cellvic" dienen kann!

(2) Entwickeln Sie – ausgehend von der Situationsanalyse – eine Produkt-Roadmap für „Cellvics" SMS-Dienste mit dem Ziel der Differenzierung vom Wettbewerb! (Roadmap = Ablaufplan, welche Produkte zu welchen Zeitpunkten für welche Zielgruppe eingeführt werden)

(3) Leiten Sie aus der Situationsanalyse in groben Zügen eine erfolgversprechende Markteintrittsstrategie für den Eintritt „Cellvics" in die kommende Generation der integrierten Internet- und Datendienste ab! Begründen Sie Ihre Entscheidung!

(4) Definieren Sie die Kernzielgruppe(n), die sie mit Ihrer neuen strategischen Ausrichtung erreichen wollen! Begründen Sie Ihre Entscheidung!

4. Marketingtheoretische Einordnung der Fallstudie

4.1. Analyse der Marketingsituation

Um für den Netzbetreiber „Cellvic" eine geeignete Differenzierungsstrategie im Bereich SMS-Dienste sowie eine Markteintrittsstrategie für neue Technologien und Produkte im Bereich der Daten-Mehrwertdienste erarbeiten zu können, müssen zunächst aus der Vielzahl interner und externer Faktoren diejenigen herausgefiltert werden, welche die strategische Entwicklung von „Cellvic" maßgeblich beeinflussen. Zu den in dieser Fallstudie verfügbaren Daten über die Unternehmensumwelt und der Unternehmenssituation zählen unter anderem aktuelle Marktdaten sowie Informationen über die wichtigsten Konkurrenten bzw. deren Produkte sowie über die Nutzenerwartungen relevanter Zielgruppen und die weiteren technologischen Entwicklungen des Absatzmarktes.

4.2. Systematik der Markteintrittsstrategien

Marketingstrategien geben bestimmte Stoßrichtungen des unternehmerischen Handelns im Rahmen der Marketingkonzeption an. Sie verkörpern das zentrale Bindeglied zwischen den Marketingzielen und dem Einsatz der absatzpolitischen Instrumente. Man unterscheidet zwischen den vier abnehmerorientierten Basisstrategien und den konkurrenzgerichteten Marketingsstrategien. Die Verbindungslinien zwischen den verschiedenen Strategien in der Abbildung 9 verdeutlichen, daß zwischen der Abnehmerorientierung und der Konkurrenzorientierung bei der marketingstrategischen Planung vielfältigen Wechselbeziehungen bestehen. Im Rahmen der vorliegenden Fallstudie sind Entscheidungen im Rahmen der Markteintrittsstrategien und der Differenzierungsstrategien als Ausprägungen der konkurrenzgerichteten Marketingstrategien zu treffen.

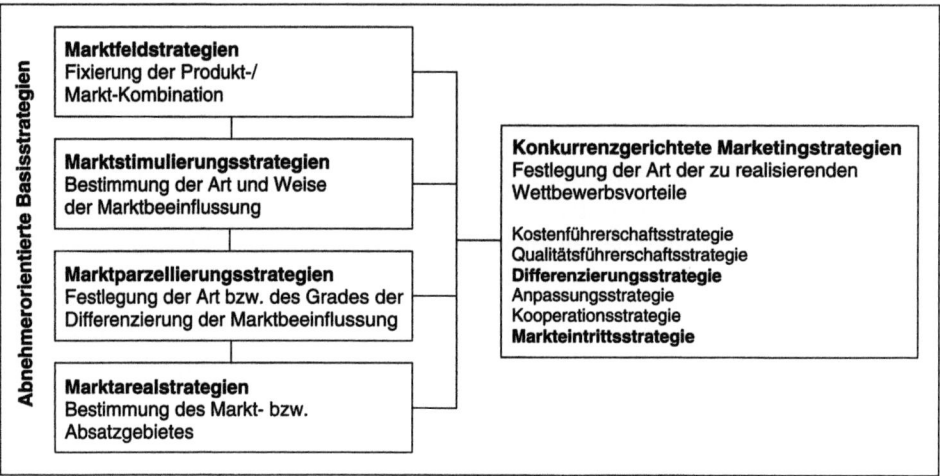

Abbildung 9: Systematik der Marketingstrategien

4.3. Entwicklung einer Differenzierungsstrategie mittels einer Produkt-Roadmap

Eine Differenzierungsstrategie zielt darauf ab, die eigenen Telekommunikations-Produkte so zu konzipieren, daß sie gegenüber den Konkurrenzprodukten aus Sicht relevanter Zielgruppen mindestens einen einzigartigen Leistungsvorteil aufweisen. Für die Realisierung einer Differenzierungsstrategie bildet folglich die Produktpolitik den zentralen Anknüpfungspunkt.

Die Produktpolitik als Teil des gesamten Marketingmix wird oft als das „Herzstück" des Marketing bezeichnet und umfaßt alle Aktivitäten, die auf die Gestaltung einzelner Produkte oder des gesamten Absatzprogramms gerichtet sind. Zentrale Aufgabenfelder bestehen in der Entwicklung erfolgreicher neuer Produkte sowie in der ständigen Verbesserung bereits eingeführter Produkte. In der vorliegenden Fallstudie ist im Rahmen der Produktpolitik eine sogenannte „Produkt-Roadmap" zu erstellen. Hierunter versteht man die stufenweise Markteinführung von Produktinnovationen und die Realisierung von Produktmodifikationen für bestimmte Zielgruppen. Hilfreich ist die Produkt-Roadmap insbesondere zur Planung von Budgets, Ressourcen und zur Abstimmung mit anderen Fachabteilungen bzw. zur Planung für andere Fachabteilungen.

4.4. Entwicklung einer Markteintrittsstrategie

Die Schnelligkeit, mit der telekommunikationstechnische Entwicklungen vollzogen und neue technologische Standards gesetzt werden, ist zu einem ausschlaggebenden Parameter im Wettbewerb auf dem Mobilfunkmarkt geworden. Der Faktor Zeit hat folglich für alle TK-Anbieter eine herausragende Bedeutung. Die Planung und Realisation des Markteintrittszeitpunktes von neuen Technologien und Produktinnovationen wird dabei als Timing bezeichnet (vgl. *Remmerbach*, 1988) Um zum "richtigen" Zeitpunkt das "richtige" Produkt bzw. die „richtige" Technologie auf den Markt zu bringen, müssen Technologieentwicklung und Marktentwicklung in Einklang gebracht werden. Zudem gilt es, das Timingverhalten der Konkurrenz zu beachten, da der „richtige" Zeitpunkt auch wesentlich vom Konkurrenztiming abhängt (vgl. *Backhaus*, 1999).

Bezogen auf das Timing des Markteintritts können zwei grundlegende Ansätze unterschieden werden, und zwar technologieorientierte und marketingorientierte Ansätze. In den Mittelpunkt der Betrachtung gelangt somit einerseits die Neuartigkeit der verwandten Technologie bei der Angebotserstellung und andererseits die Neuartigkeit des Leistungsangebots am Markt, ohne daß eine grundlegend neue Technologie (z.B. SMS als Basistechnologie) eingesetzt wird.

In der Marketingliteratur existieren verschiedene Ansätze zur Unterteilung der Markteintrittsstrategien, allen gemein ist jedoch die klare Trennung zwischen Pionier-Strategie (first-to-market) und Folger-Strategie (second-to-market) (vgl. *Remmerbach*, 1988 sowie *Jugel*, 1991).

Der Pionier auf dem Telekommunikationsmarkt ist derjenige Anbieter, der als erster eine neue Technologie bzw. ein völlig neuartiges Leistungsangebot am Markt anbietet. Seine Abgrenzung von den Folgern ist unproblematisch, da er der eindeutig bestimmbare Erste am Markt ist (vgl. *Backhaus*, 1999). Der bzw. die Folger treten dementsprechend eine kurze oder auch längere Zeit nach dem Pionier am Markt auf. In der Literatur wird bisweilen auch eine weitere Abgrenzung zwischen frühen und späten Folgern vorgenommen (vgl. *Backhaus*, 1999).

Ein wichtiger Aspekt, der im Rahmen von Timing-Strategien zu beachten ist, betrifft das sogenannte "Window of success" (Markteintrittsfenster), welches den Zeitraum beschreibt, in dem eine Marktleistung aufgrund preispolitischer Spielräume rentabel vermarktet werden kann (vgl. *Abell*, 1978). Die folgende

Abbildung 10 veranschaulicht die Veränderung des "Window of success" im Zeitablauf.

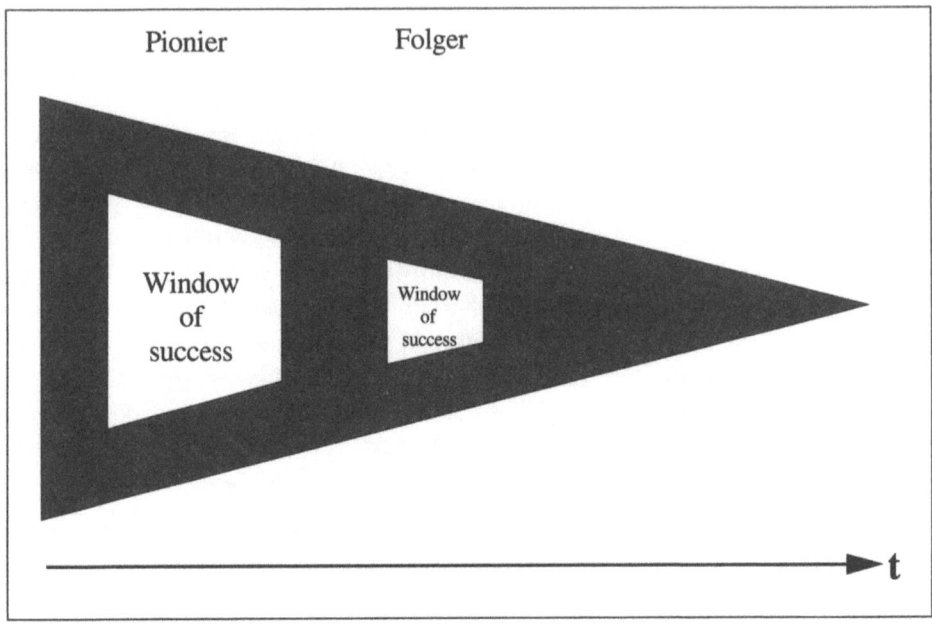

Abbildung 10: „Window of success"

Das im Zeitablauf zunehmend kleiner werdende Eintrittsfenster erklärt das Bemühen der Anbieter, als Erster am Markt sein zu wollen, um somit auch die Vorteile der Pionierposition ausschöpfen zu können. Andererseits ist zu berücksichtigen, daß gerade in der Telekommunikation, wo Schnelligkeit von hoher Bedeutung ist und im Vorfeld häufig keine Akzeptanzforschung bei relevanten Zielgruppen betrieben wird, auch ein beachtliches Floprisiko für den Pionier gegeben ist.

Durch den wachsenden Wettbewerbsdruck ist gegenwärtig bereits eine empfindliche Abnahme der Deckungsbeiträge bei den Sprachdiensten zu verzeichnen. Bei den Mehrwertdiensten wie z.B. im SMS-Bereich vereinnahmen die Anbieter vergleichsweise hohe Margenanteile, die das Geschäft sehr attraktiv erscheinen lassen. Folglich besteht für die Mobilfunkanbieter in zunehmendem Maße die Notwendigkeit, in ausgewählten Geschäftsfeldern auch als Pionier vor den anderen Wettbewerbern am Markt zu sein, um dadurch ein größeres Eintrittsfenster als die Folger zu realisieren (vgl. *Böcker/Wolf*, 1995).

4.5. Weiterführende Literatur

Abell, D. F. (1978): Strategic Windows, in: Journal of Marketing, No. 7, S. 21-28.

Backhaus, K. (1999): Industriegütermarketing, 6. Auflage, München.

Böcker, J./Wolf, T. (1995): Strategieprofile für System- und Spezialanbieter im TK-Geschäft, in: telekom praxis, Heft 4, S. 21-26.

Jugel, S. (1991): Ansatzpunkte einer Marketing-Konzeption für technologische Innovationen, Stuttgart.

Remmerbach, K. U. (1988): Markteintrittsentscheidungen, Wiesbaden.

Scharf, A./Schubert, B. (1997): Marketing. Eine Einführung in Theorie und Praxis, 2. Auflage, Stuttgart.

Wolf, T. (1995): Marketing-Konzeption für Telekommunikationssysteme, Wiesbaden.

5. Die tatsächliche Entwicklung

Die Mitglieder des Teams „Strategie 2000" entschlossen sich für die Empfehlung, „Cellvic" als ersten deutschen Netzbetreiber in der Rolle des Pioniers in die neue Welt der mobilen Datendienste starten zu lassen. Den Startschuß plant „Cellvic" mit der Einführung von HSCSD (High Speed Circuit Switched Data). Cellvic-Kunden können damit Mitte des Jahres 2000 im Festnetztempo mobil im Internet surfen sowie E-Mails und große Datenmengen von unterwegs austauschen. WAP-Dienste, die speziell aufbereitete Internetinhalte für mobile WAP-Geräte zur Verfügung stellen, sind bei einer Datenrate von über 40 kbit/s, wie sie HSCSD bietet, weitaus komfortabler zu nutzen, als es mit der heutigen Datenrate von 9,6 kbit/s der Fall ist.

Außer HSCSD wird „Cellvic" künftig auch GPRS (General Packet Radio Services) anbieten. „Cellvic" ist damit der einzige deutsche Mobilfunkanbieter, der seinen Kunden alle modernen Datentechnologien zur Verfügung stellen möchte. Alle anderen Netzbetreiber entscheiden sich ebenfalls für die Einführung von GPRS, aber nicht für HSCSD. Wie HSCSD ermöglicht auch GPRS hohe Datenraten für die mobile Datenkommunikation, ist in der Entwicklung jedoch noch nicht so weit vorangeschritten. Für die deutschen Mobilfunkkunden wird GPRS frühestens Ende 2000/Anfang 2001 zur Verfügung stehen. Als problematisch wird sich auch hier erweisen, daß geeignete Endgeräte fehlen. Bei HSCSD gibt es zumindest schon Geräte vom Hersteller Nokia.

Im Markt für mobile Datenkommunikation werden die Weichen sehr schnell gestellt, weshalb sich „Cellvic" erstmals für die Rolle des Pioniers entscheidet und von seinem bisherigen Image als sprachfokussierter Anbieter Abschied nehmen möchte. Sowohl die privaten Heavy-User bei mobilen Datendiensten als auch die Geschäftskunden verlangen nach neuen Angeboten und höheren Datenübertragungsraten.

Weiterhin wird sich „Cellvic" als eigenständiger Internet Service Provider (ISP) positionieren und für dieses Geschäft die geeigneten Partner suchen. Als Internet Service Provider bieten Unternehmen in der Regel sowohl Internet-Access als auch mit Partnern eine Reihe von Content-Diensten und eigene Portale, jedoch keine eigenen Online-Inhalte – im Gegensatz etwa zu T-Online und AOL. Empfehlungen des Strategie-Teams zielen in die Richtung, auch über strategische Allianzen mit Firmen wie Sun Microsystems und Netscape nachzudenken. Sun Microsystems ist einer der Global Player hinsichtlich der Ausrüstung mit Internet Servern und des Aufbaus der entsprechenden Infrastruktur für das Internet. Netscape hingegen bietet mit seinem Netscape Browser ein weit verbreitetes Software-Produkt für den Internet-Zugang und entsprechende Expertise beim Aufbau und Betrieb von Portalen an.

Ziel von „Cellvic" ist der Aufbau eines integrierten Internet Service Providers "Cellvic-Online", den „Cellvic" im ersten Quartal 2000 starten möchte. Die Integration von Internet-Portal und mobilem WAP-Portal bedeutet für den Kunden, daß er die Inhalte des Internet-Portals sowohl per Festnetz als auch über das WAP-Handy abrufen kann. Er erhält auf beiden Wegen eine einheitliche Benutzeroberfläche, Inhalte von gleich hoher Qualität und alle Services. Das integrierte Portal soll zugleich technisch anspruchsvoll und sehr kundenfreundlich ausgelegt werden. Auf dieser Plattform möchte „Cellvic" seine E-Commerce-Aktivitäten aufbauen. Angeboten werden über „Cellvic-Online" umfassende Informationen, Produkte und Dienstleistungen rund um das Themen „Mobilität" und „mobile Kommunikation". Mit der Einführung von HSCSD realiert das Unternehmen zudem die entsprechende mobile technologische Infrastruktur.

Das integrierte Portal bedeutet folglich auch den Eintritt von „Cellvic" zeitgleich mit den anderen Mitbewerbern in den WAP-Markt. Ebenso wie die einfache Handhabung der WAP-Dienste über das WAP-Portal möchte Cellvic auch die Preise übersichtlich gestalten. Der Cellvic-Kunde soll einheitlich DM 0,39 pro Minute bezahlen, und zwar bei einer Abrechnung im 10-Sekunden-Takt. Anbieten will das Unternehmen die WAP-Dienste allen Cellvic-Vertragskunden außer den Prepaid-Kunden, mit den keine Vertragsbasis besteht. Analog zum Internet können sich die Cellvic-Kunden mittels WAP auf ihrem Handy-Display unterschiedliche Informationen ansehen und aktiv verarbeiten. WAP-Dienste sollen so aktuell wie das Internet sein, indem WAP Internet-Angebote in "handliche" Text- und Bildformate umwandelt. Der Cellvic-Kunden "bewegt" sich folglich wie im Internet und kann mit Hilfe von Links zu weiteren Angeboten kommen.

Zahlreiche Hersteller haben die Produktion von WAP-fähigen Internet-Handys bereits angekündigt, jedoch verzögert sich die Einführung permanent, so daß voraussichtlich erst zur CeBIT 2000 mit einem ausreichenden Angebot von WAP-fähigen Endgeräten gerechnet werden kann. Die Ergebnisse der von „Cellvic" und externen Marktforschungsunternehmen durchgeführten Analysen bezüglich der Marktentwicklung bei WAP-fähigen Endgeräten veranschaulicht die Abbildung 11. Insbesondere dieser Tatbestand führt bei „Cellvic" zu der Entscheidung, sich kurzfristig vor allem auf die SMS-Dienste zu konzentrieren, die bereits von vielen Kunden genutzt werden. Außerdem ergeben sich bezüglich der Endgeräte keine Engpässe, da alle marktüblichen Endgeräte für SMS geeignet sind.

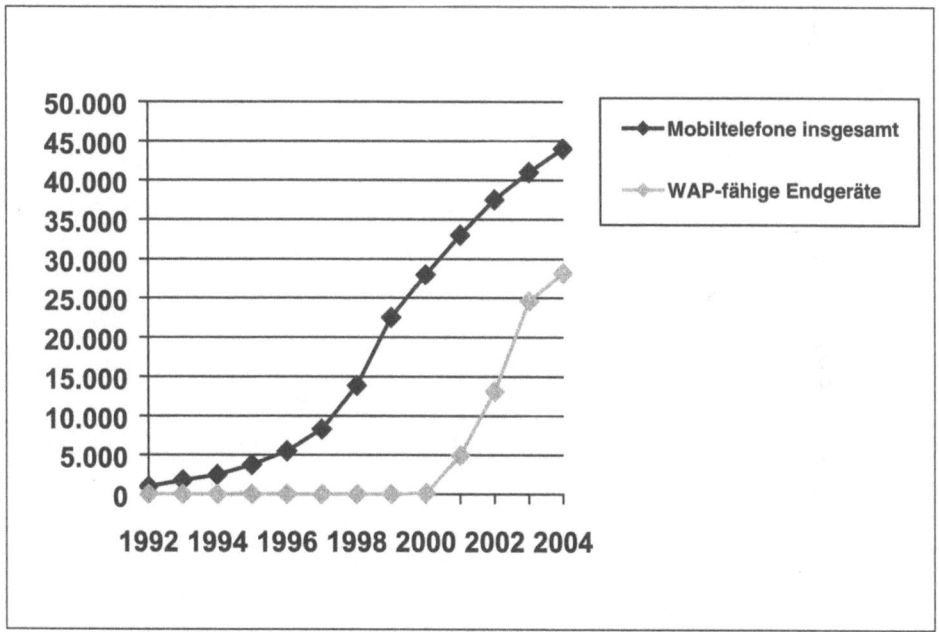

Abbildung 11: Marktentwicklung bei WAP-fähigen Endgeräten

Ein weiterer Beweggrund für die kurzfristige Focussierung auf SMS-Dienste bestand darin, daß bei Wap-fähigen Endgeräten erst unter HSCSD und später unter GPRS ein höherer Bedienkomfort und ein attraktives Zeitverhalten bei der Datenübertragung gewährleistet sein wird. Deshalb entscheidet sich „Cellvic" bei dem Start mit SMS-Infodiensten zur IFA im Herbst 1999 für eine breite Abdeckung aller Zielgruppen. Mit diesen Infodiensten gelingt es „Cellvic", auf eine Vielzahl unterschiedlicher Kanäle (z.B. Sport, Wetter, Musik-Charts, Lotto etc.) zuzugreifen und somit ein populäres und vielfältiges Angebot einer breiten

Schicht von Mobilfunknutzern zugänglich zu machen. Neben einer allgemeinen Abfragemöglichkeit direkt vom Handy, dem Anruf eines Sprachcomputers oder über eine Buchungsmaske im Internet erhält der „Cellvic"-Kunde ebenfalls die Möglichkeit, ein individuelles Programm von regelmäßigen SMS-Nachrichten zu abonnieren. Abbildung 12 gibt einen Überblick über die SMS-Dienste, die „Cellvic" in der Phase 1 zur IFA (Internationale Funkausstellung) im Herbst 1999 einführen will, und über die SMS-Dienste, die als Zusatzangebote in der Phase 2 zur CeBIT im Frühjahr 2000 geplant sind.

Einführung von SMS-Diensten in der ersten Phase zur IFA im Herbst 1999	Einführung von SMS-Diensten in der zweiten Phase zur CeBIT im Frühjahr 2000
• Börse: Kurse per Wertpapierkennnummer oder Wertpapiernamer • Wetter: aktuelle Berichte aus Deutschland, Europa und weltweit • News: Nachrichten aus Deutschland und aller Welt • Multimedia:Nachrichten aus der Medien-, IT- und TK-Branche • Lotto: Ergebnisse der wöchentlichen Lottoziehungen • Fußball: Ergebnisse und Tabellen der 1. und 2. Liga • Sport: Informationen aus aller Welt • Formel 1: Ergebnisse der Qualifikation und der Rennen • Joke: täglich ein neuer Witz des Tages • Charts: Musikcharts aus Deutschland, UK und den USA • TV-Zitate: Sprüche und Anekdoten von TV-Stars • Kultur-Events: Kultur- und Eventtips aus sechs Großstädten in der ersten Phase • Kino: Kinoneuheiten und die Tips der Woche	• Wirtschaftsnews/Economy: Wirtschaftsnachrichten aus Deutschland und der Welt • People: Klatsch und Tratsch über VIPs • Computer: Spiele und News • Fußballstars: der Beckenbauer-Tip der Woche • Kultur-Events: jetzt durch Eingabe eines Stadtkürzels für alle Großstädte • Hotels: Hoteladressen und Telefonnummern für alle Großstädte • Taxi-Rufnummern: für alle Großstädte • Wetter: Abfrage nach Postleitzahlen für Deutschland • Fußball: Abfrage nach Parametern für jeden Verein der 1. Liga

Abbildung. 12: Einführung neuer SMS-Dienste durch Cellvic

Die einzelnen User Interfaces (Schnittstellen), d.h. direkt vom Handy (Bestellung direkt über einen SMS-Befehl), über einen Sprachcomputer (Anruf eines Sprachsystems und Buchung über Eingabe der Ziffern auf der Handy-Tastatur) und über eine komfortable Buchungsmaske im Internet (Buchen von Diensten per Mausklick) sollen unterschiedliche Kundengruppen ansprechen und bieten daher auch unterschiedliche Nutzungsmöglichkeiten. Das Preisniveau für alle Infodienste wird von „Cellvic" auf 0,39 DM festgesetzt. Dieser Preis entspricht dem Preisniveau der Wettbewerber. Eine hohe, gleichbleibende Dienstqualität soll dieses Preisniveau rechtfertigen, da sich „Cellvic" nicht mehr als Unterbieter von gesetzten Preismarken am Markt positionieren möchte.

Insbesondere zur Ansprache der Zielgruppe der Teens (14-19 Jahre) sowie der Studenten und Azubis (20-25 Jahre) entscheidet sich „Cellvic" zur Einführung eines SMS Chat-Dienstes noch im Herbst des Jahres 1999, um im Weihnachtsgeschäft eine starke Kommunikation gegenüber dieser Zielgruppe aufzubauen. Über ein SMS-Chat-Forum können die Cellvic-Kunden miteinander kommunizieren (chatten), und zwar wahlweise im Internet/Web, auf ihrem Handy oder später auch mittels Video-Text. Das Chat-Modell soll insbesondere als Angebot für Anwendungen im Privatbereich positioniert werden, d.h. für Newsgroups, Chat-Foren oder Informationsangebote aller Art.

Bei dem Chat-Dienst entscheidet sich „Cellvic" für ein Preismodell, das Kosten für den Sender und den Empfänger verursacht. Eine Aufspaltung der Kosten erscheint sinnvoll, um Anreize für Aktionen auf beiden Seiten zu setzen (z.B. Beantwortung von gestellten Fragen). Um diesen Anreiz auch gemäß der richtigen Preishöhe zu schaffen, entscheidet sich das Unternehmen dazu, den Preis des Mitbewerbers „Digifone" von 0,23 DM für das Chat-Senden und –Empfangen zu unterbieten. Gestartet wird mit 0,15 DM für das Senden und mit 0,10 DM für das Empfangen von Nachrichten in der Chat-Group.

Schließlich plant „Cellvic" für das Weihnachtsgeschäft 1999 auch die Einführung von Klingeltönen sowie Bildern und Logos per SMS. In gemeinsamen Aktionen mit einem großen Endgeräteherteller sollen Verkaufsförderungsaktionen und Promotoren-Teams die neuartigen Möglichkeiten zur Individualisierung des Handys im Markt kommunizieren. Mit einem breiteren Angebot, als es die Wettbewerber bisher bieten, sowie mit einer aufwendigen zielgruppenspezifischen Werbekampagne verspricht man sich bei „Cellvic", in der Rolle des „Early Followers" von „Digifone" dessen Angebot in den Schatten zu stellen. Die folgende Abbildung 13 liefert eine Wettbewerbsübersicht bei SMS-Diensten nach den Neuankündigungen von „Cellvic" zum Ende des Jahres 1999. Für alle neuen SMS-Dienste räumt „Cellvic" seinen Kunden eine kostenlose Testphase ein, die sich je nach Dienst auf einen Zeitraum von vier bis sechs Wochen erstreckt.

	Gateway	Content	Publisher	Entertainment
Digifone	SMS zu und von E-Mail; in andere Mobilfunknetze; SMS zu Fax	Wirtschaft/ Börse; Sport; Wetter; News; Sonderinfos	Modell 0800; Modell 0900; SMS-Chat	Musik; Witze; Horoskop; Kinotips; Klingelzeichen; Bilder
Multinet	SMS zu und von E-Mail; in andere Mobilfunknetze; SMS zu Fax	News; Börse; Sport; Wetter; Sonderinfos	Noch nicht verfügbar	Horoskop; Witze; TV; Flirt
Cellvic	SMS zu und von E-Mail; in andere Mobilfunknetze; SMS zu Fax	News; Wetter; Börse; regionale Events; Sport	SMS-Chat; Newsgroups	Klingelzeichen; Bilder; Logos; Musik-Charts; Witze; Kino; TV-Zitate
Futurecom	in andere Mobilfunknetze	Noch nicht verfügbar	Noch nicht verfügbar	noch nicht verfügbar
Service Provider I	SMS zu Fax; Handy-Mail	News; IT-News; Sport; Fakten; Regionalwetter	Keine eigenen Publisher	Horoskop; Witze; TV; Gourmet
Service Provider II	SMS zu Fax; Messenger; Check-Line	Wirtschaft; Sport; Wetter; News	Chat	Witze; Horoskop; Lotto; TV
Service Provider III	Keine eigenen Gateways	Nicht verfügbar	keine eigenen Publisher	kein eigenes Entertainment
Service Provider IV	SMS zu und von E-Mail; SMS zu Fax	Wirtschaft; Sport; News; Wetter; Börse	keine eigenen Publisher	Witze; Horoskop; TV; Fitness; Bilder

Abbildung 13: Wettbewerbsübersicht bei SMS-Diensten (Ende 1999)

Insgesamt kann die von dem Strategie-Team vorgeschlagene Einführung der neuen SMS-Dienste als voller Erfolg für „Cellvic" bewertet werden. Die Nutzung der Infodienste steigt seit deren Einführung stetig an und auch nach Beendigung der Testphase hat das Interesse nicht nachgelassen. Bei den Chat-Services hat man den Vorreiter „Digifone" bereits überholen können. Laut Aussagen der Fachpresse liegt „Cellvic" hier auch dank des besseren Preismodells 100 Prozent über dem Volumen des Wettbewerbs. Auch bei Klingeltönen und Bilder-Diensten haben das breitere Angebot und die kommunikativen Maßnahmen voll gegriffen. Die diesbezüglichen Planzahlen sind zu 150 Prozent übertroffen worden. Die Auswirkungen der strategischen Neuorientierung sind zum derzeitigen Zeitpunkt noch nicht zu beurteilen. Hier wird man die Entwicklung der Marktposition von „Cellvic" weiter beobachten müssen.

6. Glossar

AUC	Authentification Center
BSS	Basestation System
CBC	Cell Broadcast Center
CSD	Circuit Switched Data
GPRS	General Packet Radio Service
GSM	Global System for Mobile Communication
HLR	Home Location Register
HSCSD	High Speed Circuit Switched Data
HTML	HyperText Markup Language
HTTP	HyperText Transfer Protocol [RFC2068]
IMAP4	Internet Message Access Protocol Version 4
IVR	Interactive Voice Response
LAN	Local Area Network
MSC	Mobile Switching Center
MSISDN	Mobile Station ISDN number
OTA	Over-The-Air (Konfiguration)
POP3	Post Office Protocol Version 3
PPP	Point-to-Point Protocol
SIM	Subscriber Identification Module
SMS	Short Message Service
SMSC	Short Message Service Center
UMTS	Universal Mobile Telecommunication System
URI	Uniform Resource Identifier
URL	Uniform Resource Locator
VAS	Value Added Services
VLR	Visitor Location Register
W3C	World Wide Web Consortium
WAN	Wide Area Network
WAP	Wireless Application Protocol
WML	Wireless Markup Language
XML	Extensible Markup Language

E-Plus SMS Info Stau. Oder Sie sind drin!

[Highlights im High Quality Net: SMS Info Dienste]

High QUALITY Net

Ob News, Börse, Stau, oder Sport – per SMS Info sind Sie mobil up to date. SMS Info Stau erreichen E-Plus Kunden unter der Nummer 1001600.

Infos unter 0 18 03 - 177 177
oder im Internet unter www.eplus.de

e·plus

So nah, als wär man da

Entwicklung erfolgreicher neuer Stromprodukte durch die swb Enordia GmbH mit Hilfe der Conjointanalyse

von Marcus Pabsch, Andreas Scharf und Hans-Peter Volkmer

1. Problemstellung

Mit der schnellen Liberalisierung des deutschen Strommarktes sind die bisherigen Gebietsmonopole der etablierten Energieversorger im Jahr 1999 gefallen. Ebenso wie die großen Unternehmen bereits einige Zeit vorher können nun auch die Privatkunden ihren Stromversorger frei wählen. Im Wettbewerb mit den großen Konzernen und den angriffslustigen "Newcomern" möchte die swb Enordia GmbH, ein etabliertes, regional tätiges Energieversorgungsunternehmen, ihre Kunden nicht an die neu entstandene Konkurrenz verlieren sondern ihrerseits mit neuen Produkten (Stromtarifen) die Kunden binden.

Anbieter:	swb Enordia GmbH
Umsatz:	ca. 1.300 Mio. DM
Mitarbeiter:	ca. 340
Anteilseigner:	100% swb AG
Stromherkunft:	überwiegend Steinkohle-Kraftwerke
Leistungen:	Neben Strom auch Lieferung von Erdgas, Fernwärme, Trinkwasser sowie Energiedienstleistungen
Kunden:	ca. 320.000 Kunden in einem regional begrenzten Versorgungsgebiet
Besonderheiten:	Über die swb AG intensive Zusammenarbeit mit einer Reihe von "Systempartnern" aus den Geschäftsfeldern Telekommunikation, Gebäudemanagement, Heizkomplettservice, Netzdienstleistung, Kraftwerksbau und -betrieb, Abfall- und Wasserentsorgung

Abbildung 1: Kurzprofil der swb Enordia GmbH

Einer der neuen Anbieter, die Yello-Strom GmbH, hat mit einem besonders günstigen Angebot von 19,-- DM pro Monat für den Grundpreis und 19 Pfennig pro Kilowattstunde die erste preisorientierte Runde im Kampf um die Gunst der

Kunden eröffnet. Mit einem gewaltigen Werbebudget wird die Botschaft "Strom ist gelb, gut und günstig" bundesweit in die Wohnzimmer der Hauhalte getragen. Die großen Energiekonzerne lassen mit Ihrer Antwort nicht lange auf sich warten, bieten ihren Kunden ebenfalls Discountprodukte an und versuchen mit ähnlich umfangreichen Werbekampagnen, neue Kunden für ihren Strom zu gewinnen.

Stromangebote der swb Enordia GmbH	
Anbieter/Produkt:	EnordiaStrom basis
Positionierung:	Keine differenzierende Positionierung
Preis:	Grundpreis 5,50 DM pro Monat und 31,2 Pf pro Kilowattstunde
Stromherkunft:	Überwiegend aus Anlagen in Kraft-Wärme-Kopplung, betrieben mit fossilen Energieträgern
Leistungen:	Energieberatung im Kundencenter, Hotline
Bedingungen:	Keine
Besonderheiten:	Keine
Anbieter/Produkt:	EnordiaStrom basis extra
Positionierung:	Keine differenzierende Positionierung
Preis:	Grundpreis 11,- DM pro Monat und
	28,5 Pf pro Kilowattstunde in der Hauptzeit
	20 Pf pro Kilowattstunde in der Nebenzeit
	Hauptzeit täglich 6-22 Uhr
	Nebenzeit täglich 22-6 Uhr
Stromherkunft:	Überwiegend aus Anlagen in Kraft-Wärme-Kopplung, betrieben mit fossilen Energieträgern
Leistungen:	Energieberatung im Kundencenter, Hotline
Bedingungen:	Zweittarifzähler erforderlich
Besonderheiten:	Keine

Abbildung 2: Bisherige Stromprodukte der swb Enordia GmbH

Die swb Enordia GmbH will sich gleich von Anfang an von der Vielzahl der Dumping-Angebote differenzieren und für verschiede Kundengruppen Produkte anbieten, die intelligenter und bedürfnisgerechter sind als diejenigen der

Wettbewerber. Für dieses Vorgehen gibt es verschiedene Gründe: Zum einen erzeugt die swb Enordia GmbH einen großen Teil ihres Stroms selbst, jedoch zu etwas höheren Kosten als die großen Konkurrenten. Zum anderen verfügt das Unternehmen nicht über die finanziellen Mittel, eine Werbekampagne der oben beschriebenen Dimension zu realisieren. Die Abbildung 1 stellt die swb Enordia GmbH im Kurzprofil vor, während die Abbildung 2 die beiden von der swb Enordia bislang verkauften Stromprodukte "EnordiaStrom basis" und "Enordia-Strom basis extra" skizziert.

Nach Ansicht der Marketingleitung der swb Enordia muß aufgrund der Wettbewerbssituation eine starke Präferenzwirkung unmittelbar von den Produkten selbst ausgehen. Die Produkte sollen sich von denen der Discount-Konkurrenten deutlich unterscheiden und sich stärker an den Bedürfnissen einzelner Kundengruppen orientieren. Auf diese Weise will die swb Enordia GmbH versuchen, dem ruinösen Preiswettbewerb zu entkommen und durch eine Präferenzstrategie im Vergleich zu den aktuellen Angeboten höhere Preise dauerhaft durchzusetzen.

Entsprechend intensiv sollen sich die Produktmanager der swb Enordia mit der Produktentwicklung beschäftigen, die Produkte und Dienstleistungen der "Systempartner" der swb-Unternehmensgruppe heranziehen und verstärkt innovative Methoden der Marktforschung einsetzen.

Aus der swb-Unternehmensgruppe stehen der swb Enordia folgende Produkte und Dienstleistungen für die Bündelung mit der reinen Stromlieferung zur Verfügung:

(1) Ein Fensterputzservice, bei dem quartalsweise bis zu 5 Fenster einer Wohnung gereinigt werden. Jedes weitere Fenster wird zu einem günstigen Festpreis von 10,-- DM gereinigt. Die Kosten für diesen Service belaufen sich für die swb Enordia auf 150,-- DM/Jahr. Die Kunden würden auf dem freien Markt für die gleiche Dienstleistung etwa 225,-- DM bezahlen.

(2) Ein Internetzugang ohne monatliche Grundgebühr und mit variablen Kosten von 3,5 Pf pro Online-Minute (inkl. anfallender Telefonkosten). Die swb Enordia GmbH muß für diesen Service 10,-- DM/Monat an den Systempartner bezahlen, die Kunden sparen ca. 100,-- DM pro Jahr gegenüber einem vergleichbaren Angebot.

(3) Der Wartungsschutzbrief für die Heizung beinhaltet die jährliche Wartung der Heizungsanlage im Einfamilienhaus oder der Etagenheizung in der Wohnung sowie einen 24-Stunden-Notdienst im Falle eines Heizungsdefektes. Die Kosten für den Schutzbrief belaufen sich auf 125,-- DM pro Jahr. Kauft ein Kunde den Schutzbrief einzeln, so müßte er einen Preis von 200,-- DM bezahlen.

(4) Bei der regelmäßigen Mülltonnenreinigung wird einmal im Monat die Tonne ausgespült. Die Geruchsbelästigung reduziert sich dadurch insbesondere bei den in geschlossenen Räumen abgestellten Mülltonnen erheblich. Die Kosten für die swb Enordia betragen 120,-- DM pro Jahr, der Marktpreis für die Konsumenten beläuft sich hingegen auf 180,-- DM pro Jahr.

Des weiteren ist von einem Zulieferer ein neuer, digitaler Stromzähler entwickelt worden. Dieser Zähler kann neben flexiblen Haupt- und Nebenzeiten auch verschiedene Wochentage abbilden. Damit ergeben sich für die swb Enordia weitere Möglichkeiten, spezifische, zeitorientierte Tarife anzubieten und sich damit auch preislich von den Konkurrenzangeboten abzuheben. Die Beschaffung der Zähler kostet die swb Enordia 500,-- DM pro Einheit, wobei der Stromzähler über 20 Jahre linear abgeschrieben werden kann.

Sie selbst arbeiten als Produktmanager/in in der Marketingabteilung der swb Enordia GmbH und werden damit beauftragt, auf der Basis der vorliegenden Informationen zwei neue Stromprodukte für den Privatkundenmarkt zu entwickeln.

2. Situationsanalyse

2.1. Aktuelle Situation auf dem Strommarkt

Mit Inkrafttreten des neuen Energiewirtschaftsgesetzes sind die bislang geltenden Wettbewerbsschranken im Strommarkt gefallen. Angestoßen von einer EU-Regelung, welche die Mitglieder der Europäischen Union zur schrittweisen Öffnung ihrer nationalen Strommärkte verpflichtete, wurde Ende April 1998 das deutsche Energierecht reformiert. Im Februar 1999 trat die erste Stufe der Liberalisierung der europäischen Strommärkte in Kraft.

Vor dieser Marktöffnung gab es feste Gebietsmonopole, d.h., jedes Energieversorgungsunternehmen belieferte in einem festgelegten Gebiet sämtliche Kunden mit Strom. Die Kunden hatten keine Wahl und mußten von dem für Sie zuständigen Unternehmen den Strom beziehen. Damit die Energieversorgungsunternehmen diese Monopolstellung nicht zu ihren Gunsten ausnutzten, gab es eine staatliche Preisaufsicht, welche die verlangten Preise kontrollierte. Die Energieversorgungsunternehmen produzierten den Strom, transportierten ihn zu den Kunden und verkauften ihn an dieselben.

Die Situation hat sich durch die Marktöffnung grundlegend geändert. Der Gesetzgeber hat die Trennung der Rechnungslegung für die Bereiche „Stromerzeugung", „Transport" und „Verkauf" vorgeschrieben und damit die Grundlage für einen freien Wettbewerb geschaffen. Die Leitungsnetze sollen von allen

Stromanbietern zu gleichen Bedingungen genutzt werden können, da der Bau weiterer Stromleitungen zu den Kunden volkswirtschaftlich unsinnig und viel zu teuer ist.

So kann jetzt jeder Stromanbieter den Strom an einem beliebigen Ort in Europa erzeugen oder einkaufen, durch die Leitungsnetze transportieren lassen und an einem anderen Ort an verschiedene Kunden wieder verkaufen. Um diese Leistungen und die damit verbundenen Geldströme sicherzustellen, wurden verschiede Gesetze erlassen und Vereinbarungen getroffen.

Die Freigabe der Energiemärkte bedeutet folglich einen radikalen Wandel von einem monopolistisch geprägten Verkäufermarkt hin zum freien Wettbewerb, der letztendlich allen Stromkunden Vorteile verschafft.

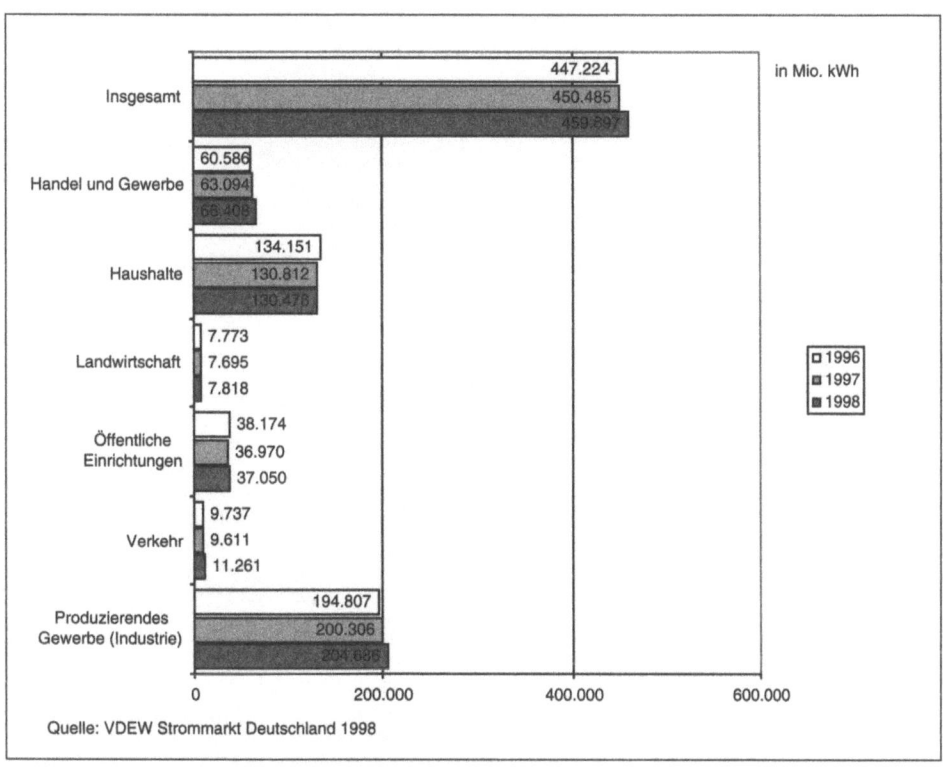

Abbildung 3: Entwicklung des Stromverbrauchs in Deutschland von 1996 bis 1998 unterteilt nach Kundengruppen

Für die Anbieter von Elektrizität stellt sich diese Situation als Verdrängungswettbewerb dar, da der Energieverbrauch - wie in der Abbildung 3 dargestellt - aufgrund energiesparender Maschinen, Anlagen und Geräte nahezu konstant geblieben ist. Wie die Abbildung 4 zeigt, verbraucht die Industrie mit 44 Prozent den größten Anteil des erzeugten Stroms, gefolgt von den privaten Haushalten mit 29 Prozent und dem Dienstleistungsbereich mit 24 Prozent.

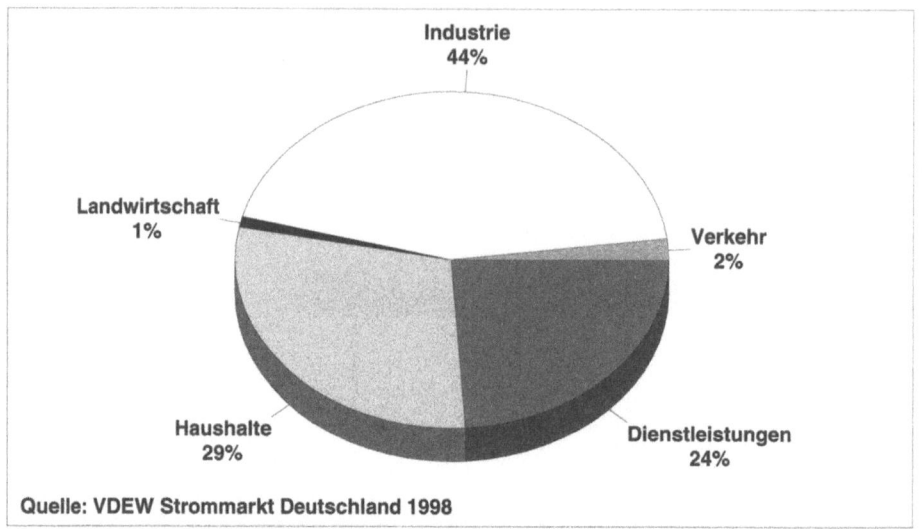

Abbildung 4: Prozentuale Anteile unterschiedlicher Kundengruppen am Stromverbrauch aus dem Netz der Stromversorger im Jahr 1998

Mit der Liberalisierung wird Elektrizität zur Ware. Jeder Stromkunde hat nun die Möglichkeit, seinen Stromlieferanten selbst zu wählen. Dazu kann er die Stromversorgung bei seinem bisherigen Stromversorgungsunternehmen kündigen und mit einem anderen Anbieter einen neuen Stromlieferungsvertrag abschließen. Der Strom wird dabei von dem neuen Anbieter in das bundesweite Verbundnetz eingespeist und durch die Leitungsnetze des örtlichen Netzbetreibers zum Kunden transportiert. Dieser Vorgang wird „Durchleitung" genannt. Der neue Stromlieferant muß dem Netzbetreiber den „Transport" des Stroms bezahlen und die Kosten entsprechend in seinen Preis einbeziehen. Der Stromkunde erhält schließlich von seinem neuen Lieferanten den Strom und die dazugehörige Rechnung.

Für die Verbraucher ist Strom bislang ein anonymes Produkt gewesen, das aus der Steckdose kommt. Diese Wahrnehmung des Produktes „Strom" macht es den Stromversorgern schwer, sich mit ihren Produkten im Wettbewerb zu profilieren, da die Qualität des Stroms (Spannung, Frequenz, Anzahl der Stromausfälle) in Deutschland sehr hoch ist und sich die Stromlieferungen der verschiedenen Energieversorgungsunternehmen nicht unterscheiden. Die Anbieter versuchen deshalb, sich ein Profil zu verschaffen, indem sie ihre Leistungen werblich darstellen und den Kunden neue Angebote unterbreiten.

Zentrales Instrument zur Realisierung von Wettbewerbsvorteilen ist der Preis. Durch die oben dargestellte Homogenität des Produktes „Strom" wird der Preis zum wichtigsten Parameter bei der Entwicklung entsprechender Stromprodukte. Allerdings sind die unterschiedlichen Angebote anhand des Preises schnell und einfach vergleichbar und nach wie vor austauschbar. Folglich bietet der Preis allein nur für eine sehr kurze Zeit die Möglichkeit, sich von Konkurrenzangeboten abzuheben. Außerdem besteht die Gefahr eines ruinösen Preiswettbewerbs.

Neben dem Preis gewinnen daher auch Themen wie Kundenzufriedenheit und Image an Bedeutung. Unter Wettbewerbsbedingungen müssen die Stromversorger aktiv auf Kunden zugehen und auch Experimente wagen. Die Devise lautet: „Mit Zusatzleistungen Mehrwert schaffen". Es werden maßgeschneiderte Angebote für spezielle Kundensegmente entwickelt. Erweiterte Dienstleistungsangebote rund um die Energieversorgung gewinnen ebenso an Bedeutung wie ein guter Service. Es werden Telefon-Service-Abteilungen aufgebaut, in denen Kunden schneller und kompetenter bedient werden sollen. Ziel dieser Intensivierung der Marketingaktivitäten ist es, Vertrauen aufzubauen und eine engere Bindung zum Kunden zu schaffen als bisher.

2.2. Wettbewerbssituation

Bei Inkrafttreten des neuen Energierechts existierten in Deutschland rund 1.000 Unternehmen der öffentlichen Stromversorgung mit exakt abgegrenzten Versorgungsgebieten. Die Stromlandschaft strukturierte sich in Verbundunternehmen, Regionalversorger und Stadtwerke.

Die Verbundunternehmen waren als Vorlieferanten für die Großstromproduktion, das Transportnetz und die Frequenzhaltung zuständig. Mit ihren Großkraftwerken erzeugten sie mehr als 80 Prozent des gesamten Stroms in der öffentlichen Elektrizitätslandschaft. Während sich die Verbundunternehmen RWE Energie, VEW Energie, HEW, Bewag, Energie Baden-Württemberg auch in der Stromverteilung bis hin zum privaten Verbraucher betätigten, beschränkten sich Bayernwerk, PreussenElektra und VEAG auf die Rolle des Vorlieferanten.

Die circa 80 regionalen Versorger übernahmen die flächendeckende Verteilung. Sie betrieben eigene Stromnetze und verfügten in gewissem Umfang auch über eigene Kraftwerkskapazitäten, oftmals Anlagen der Kraft-Wärme-Kopplung. Auf der dritten Ebene folgten mehr als 900 Stadtwerke unterschiedlicher Größe. Die kommunalen Energieversorger boten in der Regel nicht nur Strom, sondern auch Gas oder Fernwärme an. Die öffentliche Stromwirtschaft war einer behördlichen Aufsicht unterstellt, die von der Investitionskontrolle bis zur Genehmigung der Stromtarife reichte.

Die Fusions- und Konzentrationswelle wurde im März 1998 mit dem Zusammenschluß des Badenwerks und der Energieversorgung Schwaben AG zur Energie Baden-Würtenberg (EnBW) eröffnet und hat mittlerweile auch kleinere Stadtwerke erfaßt.

Neben der Ressourcenbündelung war es notwendig, den Verbrauchern, die bislang von ihrem Energieversorgungsunternehmen lediglich die regelmäßige Rechnung kannten, das Unternehmen und dessen Angebote bekannt zu machen. Diese Notwendigkeit führte in der zweiten Jahreshälfte 1999 zu einer „Werbeschlacht" um die Gunst der Kunden. Einige Beispiele für Werbeanzeigen, die von verschiedenen Anbieter in der ersten Liberalisierungsphase geschaltet wurden, enthält die Abbildung 5.

Entwicklung neuer Stromprodukte mit Hilfe der Conjointanalyse 117

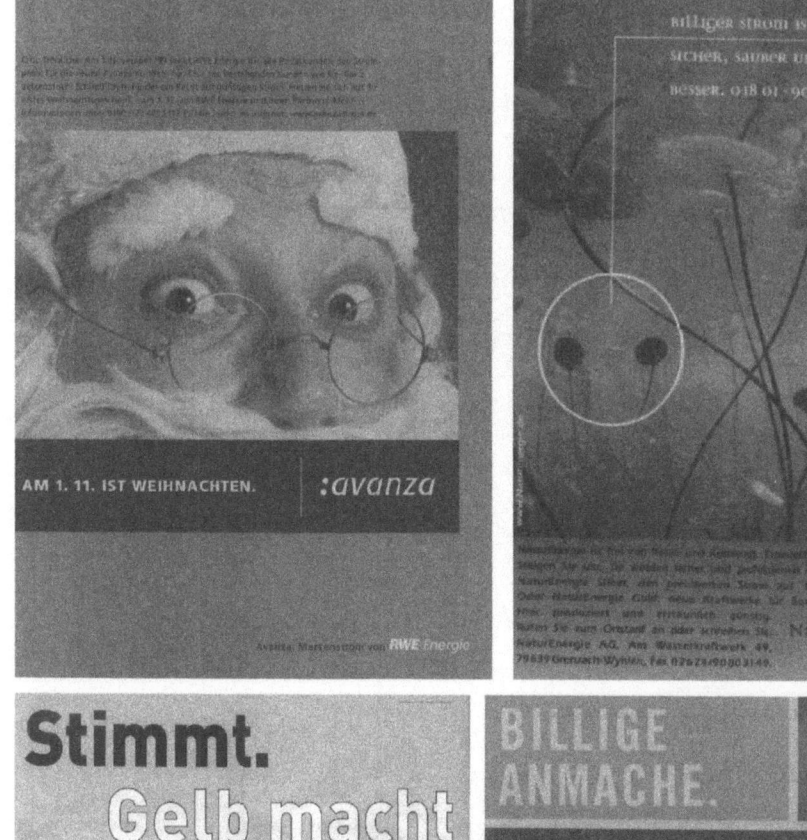

Abbildung 5: Werbeanzeigen in der ersten Liberalisierungsphase
(Stand: Herbst 1999)

Die intensiven Werbeaktivitäten haben die Markenbekanntheit stark erhöht. Durch die plakative Werbekampagne und den starken Werbedruck der Yello Strom GmbH konnte sich der "Newcomer" bereits nach kurzer Zeit unter den zehn bekanntesten Strommarken etablieren. Unterschieden wird in der Abbildung 6 zwischen aktiver und passiver Bekanntheit. Aktive Markenbekanntheit bedeutet, daß der Befragte ohne Unterstützung ihm bekannte Marken aus dem entsprechenden Bereich wiedergibt. Bei der passiven Bekanntheit werden dem Befragten die Marken vorgelegt, und er gibt an, welche er davon kennt.

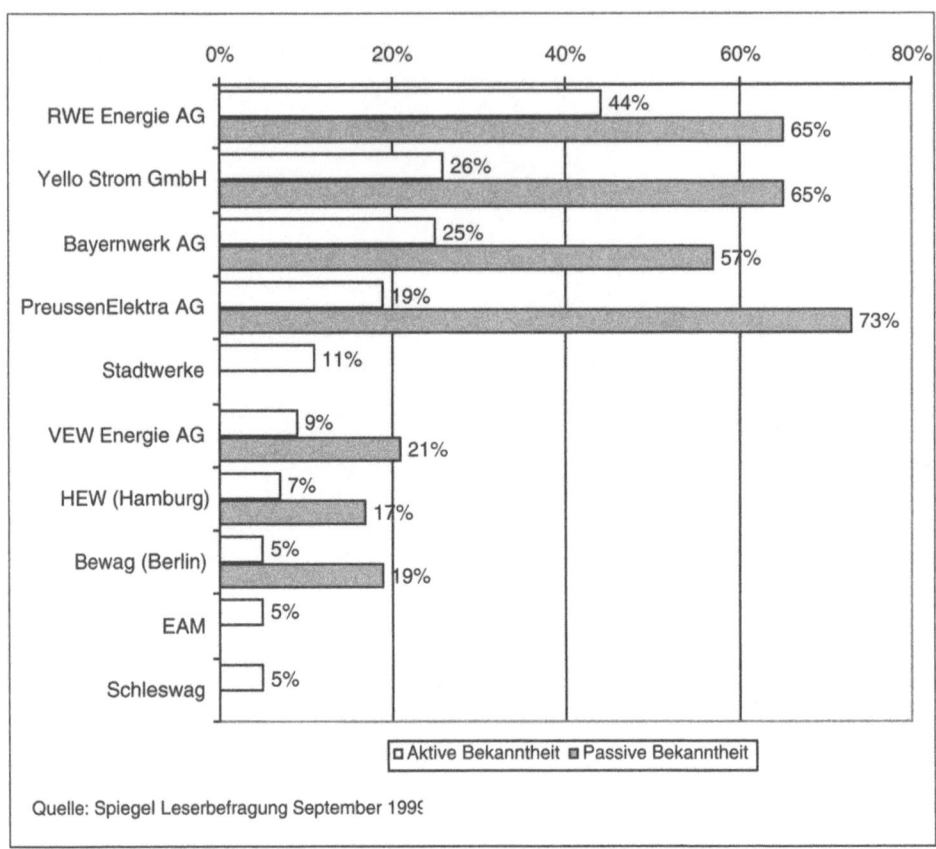

Abbildung 6: Aktive und passive Markenbekanntheit der zehn bekanntesten deutschen Stromversorger (Stand: Herbst 1999)

Die nachfolgenden Abbildungen 7a bis 7e geben einen Überblick über die Angebotsprofile der wichtigsten Stromanbieter für den Markt der Privatkunden in der ersten Liberalisierungsphase.

Anbieter/Produkt:	PreussenElektra/Elektra Direkt Single
Positionierung:	"Strom für eine Mark am Tag"
Stromherkunft:	33% Kernkraft, mindestens 7% aus regenerativen Energiequellen
Preis:	365,-- DM pro Jahr. Darin sind 1111 kWh enthalten. Jede weitere kWh kostet 25,9 Pfennige.
Leistungen:	Hotline
Bedingungen:	6 Monate Vertragslaufzeit, danach alle drei Monate kündbar
Besonderheiten:	Keine

Abbildung 7a: Angebotsprofil des Anbieters „PreussenElektra"

Anbieter/Produkt:	RWE/:avanza
Positionierung:	„:avanza – Sie haben ein Recht auf günstigen Strom."; „:avanza. Markenstrom von RWE Energie."
Stromherkunft:	22% Kernkraft, mindesten 10% regenerative Energiequellen
Preis:	Grundpreis: 11,57 DM pro Monat Verbrauchspreis: 24,57 Pf pro Kilowattstunde
Leistungen:	Hotline
Bedingungen:	Mindestens 3 Monate Vertragslaufzeit
Besonderheiten:	Kann auch als 100%ige Ökostrom-Variante gewählt werden

Abbildung 7b: Angebotsprofil des Anbieters „RWE"

Anbieter/Produkt:	Bayernwerk/POWER*private* und POWER*family*
Positionierung:	„Maßgeschneiderte Strompreise für Privatkunden"
Stromherkunft:	60% Kernkraft, mindestens 15% aus regenerativen Energiequellen
Preis:	POWER*private* Grundpreis: 4,95 DM pro Monat Verbrauchspreis: 28,5 Pf pro Kilowattstunde POWER*family* Grundpreis: 17,95 DM pro Monat Verbrauchspreis: 23,0 Pf pro Kilowattstunde
Leistungen:	Hotline
Bedingungen:	Mindestens 3 Monate Vertragslaufzeit
Besonderheiten:	Auch als Wasserkraftstrom wählbar

Abbildung 7c: Angebotsprofil des Anbieters „Bayernwerk"

Anbieter/Produkt:	ares/13plus		
Positionierung:	„Jetzt wechseln und sparen."		
Stromherkunft:	50% Kernenergie, mindestens 30% aus Kraft-Wärme-Kopplung		
Preis:	bis 1661 kWh/Jahr:	Grundpreis:	18,-- DM/Monat
		Verbrauchspreis:	13 Pf/kWh
	über 1661 kWh/Jahr:	Grundpreis:	13,-- DM/kWh
		Verbrauchspreis:	13 Pf/kWh
	ab 6000 kWh/Jahr:	Grundpreis:	13,-- DM/kWh
		Verbrauchspreis:	10 Pf/kWh
Leistungen:	Hotline		
Bedingungen:	1 Monat Vertragslaufzeit		
Besonderheiten:	Bonussystem bei Abschluß längerer Laufzeiten: 1 Jahr 75 kWh, 2 Jahre 175 kWh und 3 Jahre 300 kWh inklusive		

Abbildung 7d: Angebotsprofil des Anbieters „ares"

Anbieter/Produkt:	Yello Strom GmbH/Yello
Positionierung:	„Gelb. Gut. Günstig"; „Strom ist gelb"
Stromherkunft:	Keine genauen Angaben
Preis:	19,-- DM Grundpreis pro Monat und 19 Pf pro Kilowattstunde
Leistungen:	Hotline
Bedingungen:	1 Jahr Vertragslaufzeit
Besonderheiten:	Keine

Abbildung 7e: Angebotsprofil des Anbieters „Yello"

Neben dem Massenmarkt hat sich ein vergleichsweise kleiner Markt für ökologisch erzeugten Strom, den sogenannten "Grünen Strom", etabliert. Der Strom stammt dabei aus erneuerbaren Energiequellen wie Wind, Sonne, Biomasse oder Wasserkraft. In der Bearbeitung des Segments umweltbewußter Stromkunden sehen neue, unabhängige Unternehmen, die zum Teil auf Initiative der deutschen Umweltverbände entstanden sind, ihre Marktchancen. Die Abbildungen 8a bis 8c zeigen einen Ausschnitt der Stromangebote für dieses an ökologisch erzeugtem Strom interessierte Segment in der ersten Liberalisierungsphase.

Entwicklung neuer Stromprodukte mit Hilfe der Conjointanalyse

Anbieter/Produkt:	Naturstrom AG/Naturstrom
Positionierung:	„Jetzt haben Sie die Wahl. Schalten Sie um."
Stromherkunft:	100% regenerative Energiequellen
Preis:	Grundpreis: 9,50 DM pro Monat
	Verbrauchspreis: 34,5 Pf pro Kilowattstunde
Leistungen:	Hotline
Bedingungen:	Vertragslaufzeit 12 Monate
Besonderheiten:	Unabhängiger Anbieter mehrerer Umweltverbände; Gütesiegel vom Grüner Strom Label e.V. in der Kategorie Gold

Abbildung 8a: Angebotsprofil des Öko-Stromanbieters „Naturstrom"

Anbieter/Produkt:	NaturEnergie/NaturEnergie gold
Positionierung:	„Wasser- und Sonnenstrom für alle."
Stromherkunft:	100% regenerative Energiequellen aus neuen Anlagen
Preis:	Grundpreis: 13,92 DM pro Monat
	Verbrauchspreis: 32,94 Pf pro Kilowattstunde
Leistungen:	Hotline
Bedingungen:	Vertragslaufzeit 12 Monate
Besonderheiten:	TÜV-Gütesiegel

Abbildung 8b: Angebotsprofil des Öko-Stromanbieters „NaturEnergie"

Anbieter/Produkt:	Lichtmann/Windline
Positionierung:	„Preiswert und umweltfreundlich."
Stromherkunft:	100% regenerative Energiequellen
Preis:	Grundpreis: 13,61 DM pro Monat
	Verbrauchspreis: 27,86 Pf pro Kilowattstunde
Leistungen:	Hotline
Bedingungen:	Vertragslaufzeit 9 Monate
Besonderheiten:	Keine

Abbildung 8c: Angebotsprofil des Öko-Stromanbieters „Lichtmann"

Die unmittelbare Qualität des Stroms, d.h. Spannung, Frequenz und Zuverlässigkeit, ist in Deutschland auf sehr hohem Niveau und wird von nahezu jedem Anbieter gleichermaßen gewährleistet. Aufgrund dieser Homogenität des Produktes Strom kommt der Preispolitik eine besondere Bedeutung zu. Der Preis ist – wie oben bereits erwähnt – ein wesentlicher Bestanteil des Produktes. Über den Preis definieren die Kunden einen Großteil ihres Nutzens aus der Wahlentscheidung für einen Anbieter.

In der ersten Liberalisierungsphase des Marktes stürzten sich deshalb viele Anbieter auf dieses einfach zu handhabende Marketinginstrument. Ein günstiges Angebot folgte dem nächsten, die Leistung blieb jedoch weitgehend austauschbar, so daß sich in der Öffentlichkeit und bei den Konsumenten eine fast ausschließlich preisgetriebene Beurteilung der verschiedenen Angebote entwickelte. Serviceleistungen der Unternehmen oder die Herkunft des Stroms wie konventionelle Energieträger, Kernkraft oder erneuerbare Energiequellen spielten zu diesem Zeitpunkt eine untergeordnete Rolle. Abbildung 9 zeigt einen Vergleich der Preise vor und ein Quartal nach dem Beginn des Wettbewerbs um die Privatkunden.

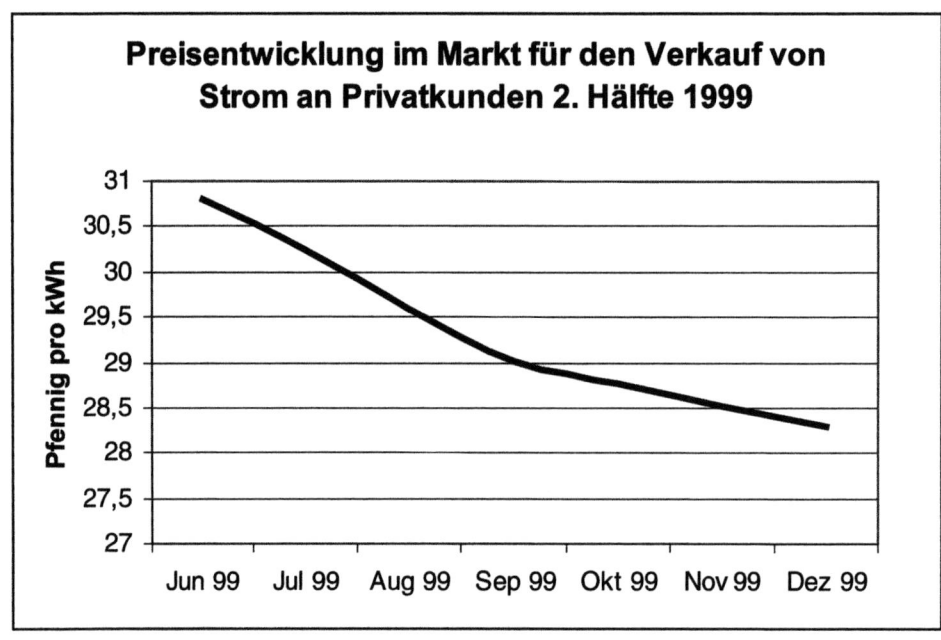

Abbildung 9: Preisentwicklung pro kWh von Juni bis Dezember 1999 (Quelle: eigene Statistik der swb Enordia GmbH)

Informationen über die Marktanteile der verschiedenen Anbieter waren in dieser frühen Phase der Marktöffnung noch nicht verfügbar. Anhaltspunkte zu den Verschiebungen der bisherigen Strukturen geben lediglich die in Kap. 2.5. dargestellten Ergebnisse der Primär- und Sekundärforschung.

2.3. Aktuelle Situation des Unternehmens

Die swb Enordia GmbH ist eine 100-prozentige Tochter der swb AG und für den Verkauf von Energie- und Energiedienstleistungen zuständig. Die swb Enordia GmbH beliefert ca. 330.000 Kunden mit Strom, Erdgas, Fernwärme und Wasser. Davon sind 90 Prozent Privatkunden und 10 Prozent Geschäftskunden. Mit den Geschäftskunden erwirtschaftet die swb Enordia GmbH jedoch zwei Drittel ihres Umsatzes.

Im Rahmen des swb-Konzerns kann die swb Enordia GmbH auf verschiedene verbundene Unternehmen und deren Leistungsangebote zurückgreifen. Folgende Dienstleistungsbereiche zeigen einen Ausschnitt aus dem Leistungsspektrum der Partnerunternehmen, die diese Leistungen bereits seit einiger Zeit anbieten und in diesen Bereichen über entsprechendes Know-how verfügen (vgl. auch Kap. 1.):

- Heizkomplettservice mit Finanzierung, Installation, Wartung und Service der Heizungsanlage.
- Telekommunikation mit analogen und ISDN-Anschlüssen sowie Internet-Zugängen zu wettbewerbsfähigen Preisen und Leistungen.
- Entsorgungsdienstleistungen mit allgemeiner Abfallentsorgung, Entsorgung von Sonderabfällen sowie Recycling und Aufbereitung der Abfälle.
- Gebäudemanagement mit dem Betrieb der kompletten Gebäudeleittechnik, Ver- und Entsorgung, Netztechnik sowie Reinigungs- und Winterdienste.

Die swb Enordia GmbH hat sich frühzeitig auf die Marktöffnung vorbereitet und entsprechende Umstrukturierungsmaßnahmen eingeleitet. So verfügt das Unternehmen über ein professionelles Call Center für die Betreuung der Kunden, über Kundencenter für die ausführliche Beratung der Kunden zu sämtlichen Fragestellungen rund um das Thema Energie sowie über ein Key-Account-Management für die intensive Betreuung der Geschäftskunden. Das Marketing ist als klassische Produktmanagementorganisation aufgebaut und mit der kompletten Produktentwicklung und -vermarktung betraut.

Die swb Enordia GmbH tritt als Full-Service-Anbieter im Markt auf und hat ihre Kommunikations- und Werbemaßnahmen zunächst auf die Verteidigung und Bindung ihres Kundenstammes ausgerichtet. In diesem Zusammenhang wird die swb Enordia GmbH von ihren Kunden mit folgenden Image-Merkmalen im Vergleich zu den Wettbewerben überdurchschnittlich stark assoziiert: kundenorientiert, kompetent, ökologisch verantwortungsbewußt, unbürokratisch und flexibel sowie mit regionalem Bezug.

2.4. Prognose der zukünftigen Marktentwicklung

Überall in der Energiebranche werden Konzepte für neue Produkte entwickelt. Eine Expansionsmöglichkeit besteht darin, den Bereich „hinter dem Zähler" zu erobern, d.h., weitere Dienstleistungen über die „reine" Energielieferung hinaus anzubieten. Beispiele hierfür sind die bereits erwähnte regelmäßige Heizungswartung, eine unterbrechungsfreie Stromversorgung oder eine Stromausfallversicherung. Im Firmengeschäft wird das Tätigkeitsfeld in Richtung Wärme-Direktservice, Anlagen- und Einsparcontracting sowie Gebäudemanagement (Facility Management) ausgebaut. Das sind Dienstleistungen, die früher die Kunden selbst oder von ihnen beauftragte Firmen als Einzelleistungen erbracht haben. Die Energieversorgungsunternehmen integrieren diese Leistungen und kombinieren sie zunehmend mit weiteren Serviceleistungen - wie zum Beispiel mit der Finanzierung von Anlageinvestitionen - zu kompletten Service-Paketen.

Im Endverbrauchermarkt könnten Plastikkarten zu einem Schlüsselelement im Wettbewerb werden. In Großbritannien ist der Stromkauf per Chip-Karte bereits Realität. Die Kunden mit Chip-Karten-Zählern sind in der Wahl ihres Stromlieferanten frei. Sie kaufen den Strom in einem Supermarkt oder an einer Tankstelle, indem sie die Chipkarte mit Hilfe eines speziellen Geräts mit dem gewünschten Guthaben aufladen. Die „geladene" Karte stecken die Kunden dann zu Hause in ihren Stromzähler und übertragen auf diese Weise das Guthaben der Karte. Für das Guthaben kann dann gemäß der gespeicherten Preise eine bestimmte Menge Strom verbraucht werden. Einige deutsche Energieversorgungsunternehmen haben bereits Pilotprojekte mit entsprechenden Chip-Karten-Zählern gestartet.

Eine andere Zukunftsidee heißt „Energy & More": Künftige Full-Service-Pakete der Energieversorger könnten neben der Stromlieferung auch den Zugang zum Internet beinhalten. Dabei gibt es zunächst zwei verschiedene Möglichkeiten: Entweder erfolgt der Zugang zum Internet über die konventionelle Telefonleitung, und die Bündelung der Leistungen geschieht lediglich durch eine gemeinsame Abrechnung, oder der Transport der Computer-Daten erfolgt über die Stromleitung. Die Praxistests zu dieser neuen Technologie verlaufen sehr vielversprechend. Denkbar ist dabei auch die Ausweitung des Leistungsangebotes auf Ortstelefonate und die Online-Überwachung von Haushaltsgeräten. Die Vision „Telefon aus der Steckdose" könnte somit in absehbarer Zeit real werden.

2.5 Identifizierung relevanter Zielgruppen

Die swb Enordia GmbH hat zwar bislang alle Haushalte in ihrem angestammten Versorgungsgebiet mit Strom beliefert, möchte neue Produkte jedoch für spezielle Zielgruppen aus dem Privatkundenbereich entwickeln. Der swb Enordia stehen für die Identifizierung attraktiver Zielgruppen folgende Informationen zur Verfügung: (1) sekundärstatistisches Material aus verschiedenen Informationsquellen sowie (2) primärstatistische Ergebnisse in Form einer von der swb Enordia GmbH selbst in Auftrag gegebenen Conjointanalyse zur Ermittlung präferenzwirksamer Merkmale beim Stromkauf.

2.5.1. Analyse des verfügbaren sekundärstatistischen Materials

Ein zu hoher Preis ist der wichtigste Grund dafür, den Stromanbieter zu wechseln. Die linke Säule in der Abbildung 10 veranschaulicht die Bereitschaft der Privatkunden, den Stromanbieter zu wechseln. 30 Prozent der befragten Personen wollen sicher den Anbieter wechseln. Von diesen Personen geben wiederum 40 Prozent an, daß sie bereits bei einem Preisvorteil von bis zu 10 Prozent gegenüber dem bisher zu zahlenden Strompreis den Anbieter wechseln werden (rechte Säule).

Die Abbildungen 11 und 12 geben Auskunft über die demographischen Merkmale dieser wechselbereiten Personen. Die Index-Werte drücken die Abweichung bei einzelnen Merkmalen im Vergleich zur gesamten Bevölkerung aus. Ein hoher Index-Wert bedeutet also, daß die Gruppe der Wechselbereiten bezüglich dieses Merkmals überdurchschnittlich besetzt ist. Die Prozentwerte geben den jeweiligen Anteil innerhalb der Gesamtbevölkerung an. Wechselbereit sind daher eher Personen im Alter zwischen 30 und 59 Jahren mit einer guten Ausbildung. Bezüglich der Einkommens- und Berufsstruktur der wechselbereiten Personen belegen die Daten, daß die Bereitschaft, den Stromanbieter zu wechseln, mit zunehmendem Haushaltsnettoeinkommen (HHNE) und bei Berufstätigkeit steigt.

Neben der grundsätzlichen Wechselbereitschaft und dem Einfluß des Preises auf die Wechselbereitschaft sind bei der Wahl eines neuen Stromanbieters bzw. eines bestimmten Stromproduktes verschiedene Kaufkriterien relevant. Die Abbildung 13 gibt einen Überblick über die Bedeutung verschiedener Kriterien für Privatkunden in der Bundesrepublik Deutschland bezüglich der Wahl eines Energieversorgers. Die Abbildung 14 enthält schließlich Informationen über den durchschnittlichen Stromverbrauch pro Jahr getrennt nach verschiedenen Kundengruppen.

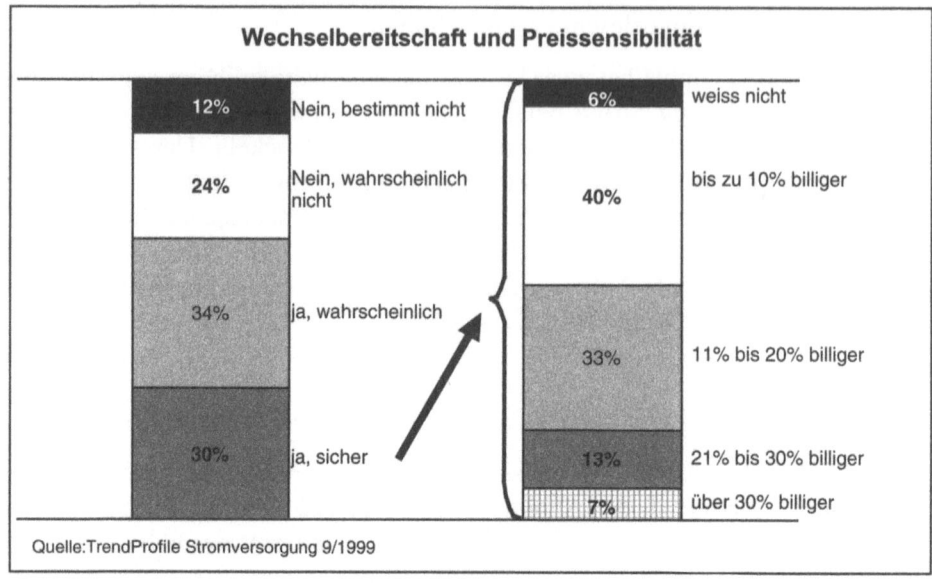

Abbildung 10: Bereitschaft, den Stromanbieter zu wechseln (Stand: 1999)

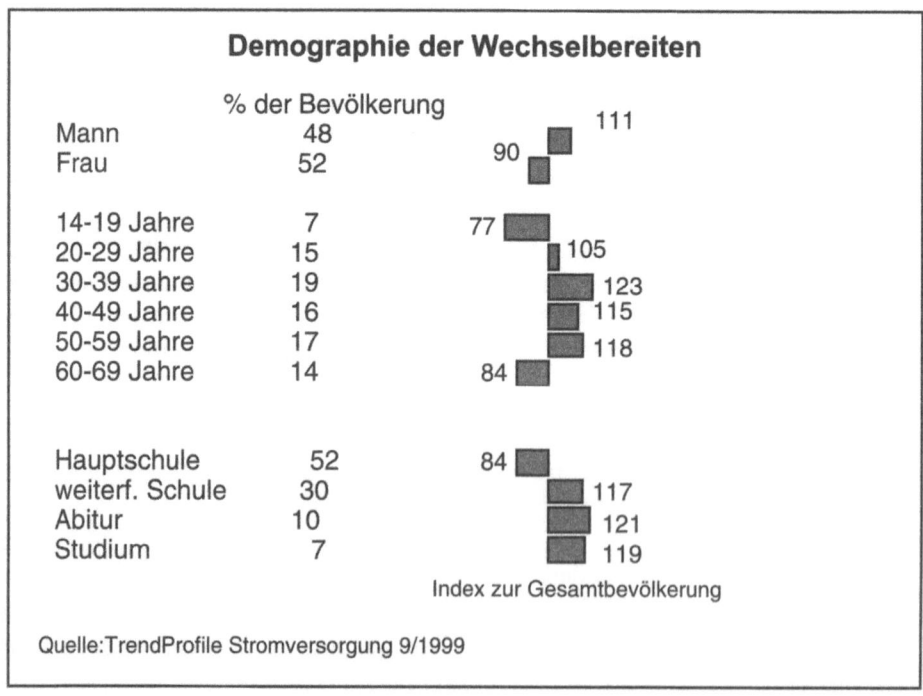

Abbildung 11: Alters- und Bildungsstruktur der wechselbereiten Personen

Entwicklung neuer Stromprodukte mit Hilfe der Conjointanalyse 127

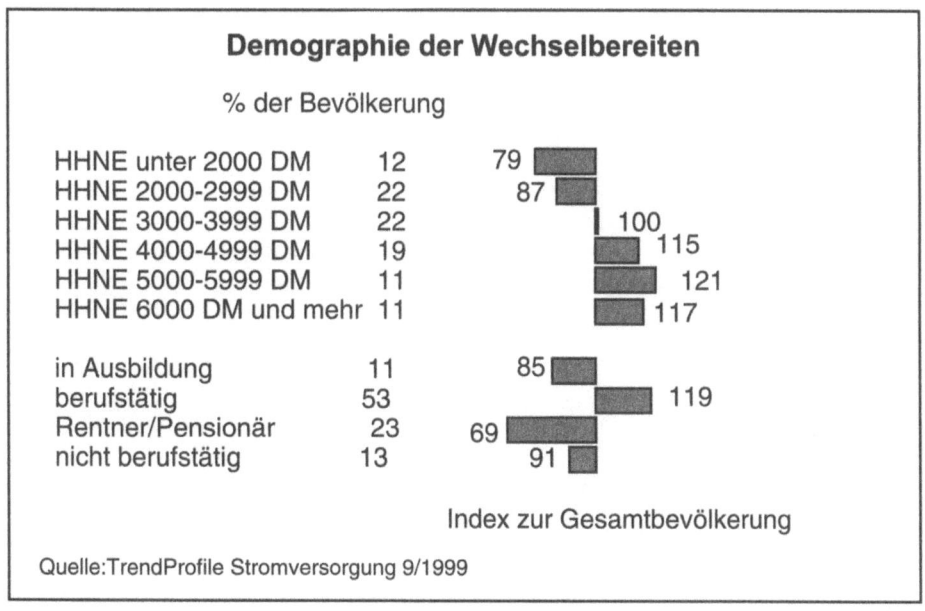

Abbildung 12: Einkommens- und Berufsstruktur der wechselbereiten Personen

Abbildung 13: Kriterien der Privatkunden beim Stromkauf (Stand: 1999)

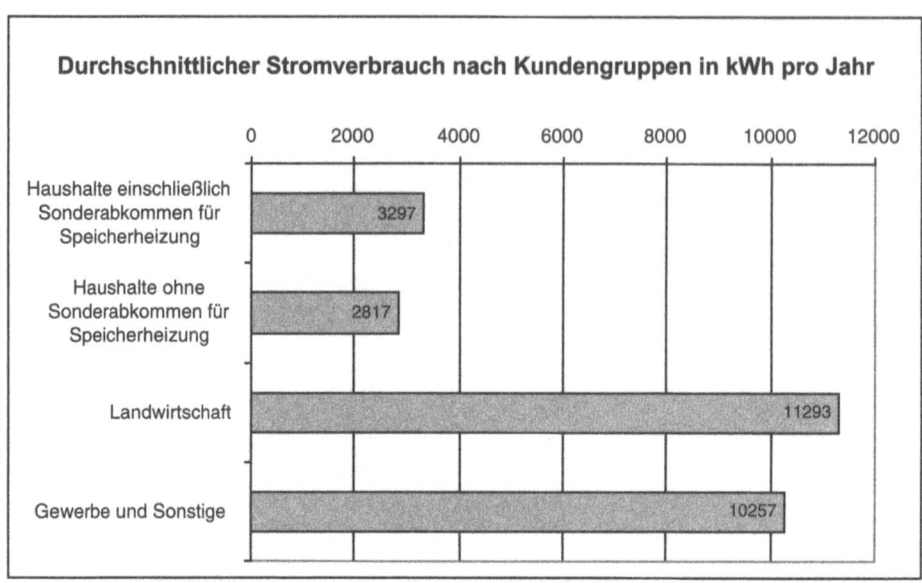

Abbildung 14: Durchschnittlicher Stromverbrauch
(Stand: 1998, Quelle: VDEW Strommarkt 1998)

2.5.2. Ergebnisse der von der swb Enordia GmbH in Auftrag gegebenen Conjointanalyse

Der Grundgedanke der Conjointanalyse besteht in der ganzheitlichen Bewertung von Produktkonzepten. Auf der Basis der Beurteilung verschiedener Alternativen wird dann die Präferenzwirkung der einzelnen Produktmerkmale sowie deren Ausprägungen ermittelt.

Die „Choice Based"-Conjointanalyse (CBC) besitzt gegenüber anderen Varianten der Conjointanalye den wesentlichen Vorteil, daß die Auskunftspersonen lediglich diskrete Auswahlentscheidungen zwischen konkurrierenden Produktkonzepten treffen müssen. Auf die Erhebung von Präferenzrankings oder Präferenzratings wird folglich verzichtet. Dadurch ist es möglich, Beurteilungssituationen herbeizuführen, die eine sehr große Realitätsnähe aufweisen und aufgrund dessen äußerst reliable und valide Prognosen über Wahlwahrscheinlichkeiten und damit auch der Marktanteile der untersuchten Angebote ermöglichen.

Das Projektteam der swb Enordia GmbH, welches für die Entwicklung neuer Stromprodukte gebildet wurde, hat zu diesem Zweck fünf relevante Merkmale identifiziert und für jedes Merkmal unterschiedliche Ausprägungen definiert. In der Abbildung 15 sind diese Merkmale und deren Ausprägungen dargestellt.

Entwicklung neuer Stromprodukte mit Hilfe der Conjointanalyse

Merkmal Ausprägung	Grundpreis pro Monat	Verbrauchspreis pro kWh	Preis pro kWh in der Nebenzeit (Nachttarif)	Vertragsbindung	Zusatzdienstleistung
1	5,- DM	19 Pf.	Kein Nebentarif	Keine	Keine
2	10,- DM	22 Pf.	14 Pf.	3 Monate	Wartungsschutzbrief f. die Heizung
3	15,- DM	25 Pf.	15 Pf.	6 Monate	Verbilligte Mülltonnenreinigung
4	20,- DM	28 Pf.	16 Pf.	9 Monate	Telefongutschein
5	25,- DM	31 Pf.	17 Pf.	1 Jahr	Verbilligter Fensterputzservice
6	---	---	---	---	Verbilligter Internetzugang

Abbildung 15: Merkmale und Merkmalsausprägungen der Conjointanalyse

In der Befragungssituation werden diese Merkmalsausprägungen zu ganzheitlichen Produktkonzepten kombiniert, die den Testpersonen dann zur Beurteilung vorgestellt werden. Eine dieser typischen Beurteilungssituationen, die auch als „choice sets" bezeichnet werden, enthält die Abbildung 16. Die Befragten haben jeweils die einfache Aufgabe, das Produktkonzept anzugeben, welches sie in der Realität am ehesten auswählen würden. Es besteht jedoch auch die Möglichkeit, kein Produktkonzept einer Beurteilungssituation zu wählen, falls alle Alternativen als nicht akzeptabel angesehen werden. Wie viele Beurteilungssituationen und Produktkonzepte je Beurteilungssituation jeder Auskunftsperson präsentiert werden, hängt von der Komplexität des betrachteten Produktes, der angestrebten Stichprobengröße sowie der Anzahl der als relevant erachteten Merkmalsausprägungen ab. Üblicherweise werden zwei bis fünf Produktkonzepte je Beurteilungssituation sowie sechs bis zwanzig Beurteilungssituationen gewählt.

Welchen Stromtarif würden Sie wählen? Bitte kreuzen Sie das entsprechende Feld an!				
	Stromtarif 1	**Stromtarif 2**	**Stromtarif 3**	
Grundpreis/ Monat	10,--DM	25,--DM	5,-- DM	Ich würde keinen dieser Stromtarife wählen
Verbrauchspreis/kWh	28 Pf.	22 Pf.	31 Pf.	
Preis pro kWh Nebenzeit	Kein Nebenzeittarif	17 Pf.	19 Pf.	
Vertragsbindung	3 Monate	9 Monate	6 Monate	
Zusatzdienstleistung	Verbilligter Internetzugang	Wartungsschutzbrief für die Heizung	Keine Zusatzdienstleistung	
	☐	☐	☐	☐

Abbildung 16: Beurteilungssituation der „Choice Based"-Conjointanalyse

Die ermittelten Teilpräferenzwerte in der Abbildung 17 zeigen bezüglich der Stromkosten (Merkmal 1 bis 3) wie erwartet eine zunehmende Präferenz bei einer Verringerung der Kosten. Dabei sind aber auch deutliche Schwellenwerte erkennbar. Bezüglich des Preises pro kWh ergibt sich zunächst eine recht starke Zunahme der Präferenz bei einer Verringerung von 31 Pf. auf 28 Pf., demgegenüber bewirkt eine Reduzierung von 28 Pf. auf 25 Pf. kaum einen positiven Effekt. Der stärkste Anstieg der Präferenz wird bei einer Reduzierung der Kosten von 25 Pf. auf 22 Pf. erzielt.

Bei dem Merkmal „Grundpreis pro Monat" ergibt sich die größte Zunahme der Präferenz bei dem Übergang von 15,-- DM auf 10,-- DM. Das Angebot eines Nebentarifs (Nachttarif) wird von den Befragten offensichtlich begrüßt, wobei eine realistische Senkung des Preises in der Nebenzeit nur zu einem beschränkten Anstieg der Präferenz führt.

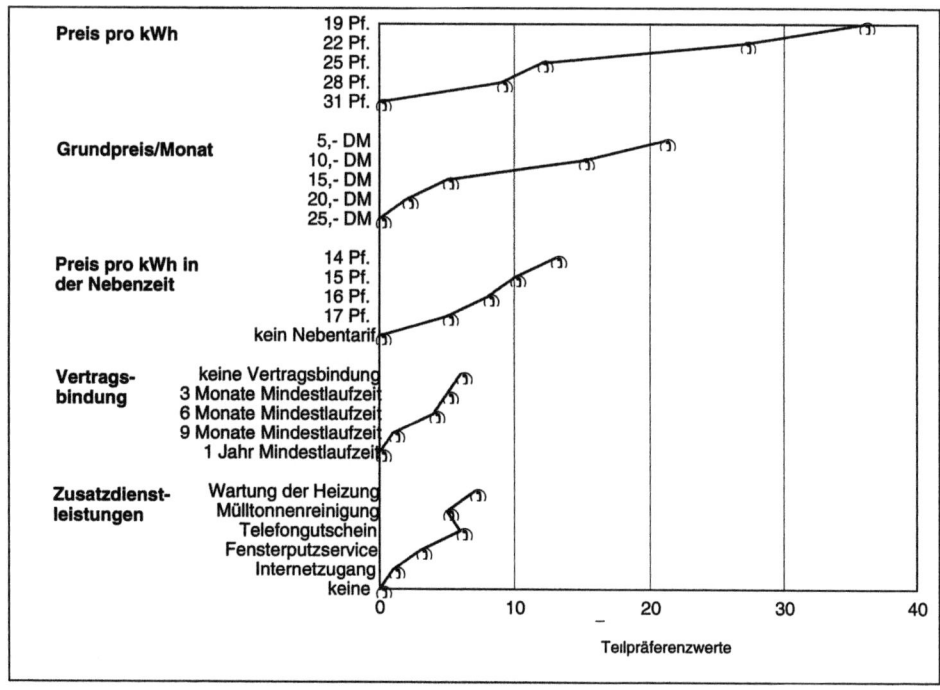

Abbildung 17: Teilpräferenzwerte der „Choice Based"-Conjointanalyse

Die Vertragsbindung ist insgesamt eher von untergeordneter Bedeutung; eine Laufzeit von sechs Monaten ist für die Befragten akzeptabel. Bei den Zusatzdienstleistungen erhalten die Wartung der Heizung, die Mülltonnenreinigung und der Telefongutschein die höchsten Teilpräferenzwerte.

Um zu ermitteln, wie wichtig die einzelnen Merkmale sind, wird deren relative Wichtigkeit (Sensitivität) bestimmt. Dazu ist zunächst die Spannweite eines Merkmals zu berechnen, indem die Differenz zwischen dem höchsten und dem niedrigsten Teilpräferenzwert eines Merkmals ermittelt wird. Die Spannweiten werden dann ins Verhältnis gesetzt und auf einen relativen Wert umgerechnet. Einen Überblick über die relative Wichtigkeit der Merkmale für die Wahl eines Stromtarifs gibt die Abbildung 18.

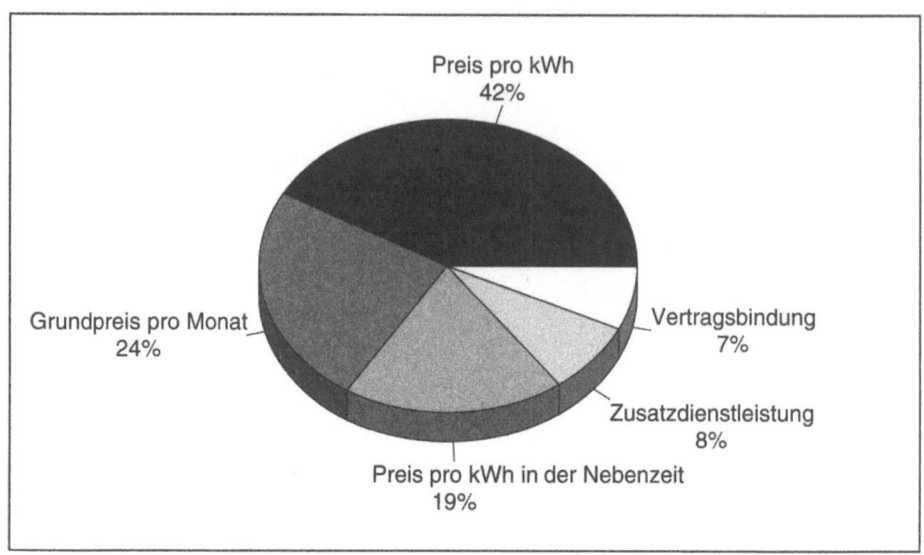

Abbildung 18: Relative Wichtigkeit (Sensitivität) der Merkmale für die Wahl eines Stromtarifs

Auf der Basis der Teilpräferenzwerte der Conjointanalyse wurde eine sogenannte Benefit-Segmentierung mittels Clusteranalyse durchgeführt. Durch das Aufdecken unterschiedlicher Präferenzsegmente will man erreichen, daß die Marketingmaßnahmen möglichst zielgerichtet an die Erwartungen unterschiedlicher Zielgruppen angepaßt werden können. In einem iterativen Prozeß werden Kunden mit ähnlichen Präferenzmustern einem von mehreren Segmenten zugeordnet. Für jedes Segment lassen sich dann wiederum die Teilpräferenzwerte und relativen Wichtigkeiten ermitteln. Auf der Grundlage der vorliegenden Daten konnten zwei Segmente identifiziert werden, deren Präferenzstrukturen in der Abbildung 19 dargestellt sind.

Das Segment 1 zeichnet sich insbesondere durch die hohe Sensitivität bei den Merkmalen „Grundpreis/Monat" und „Preis pro kWh in der Nebenzeit" aus. Einen sehr großen Präferenzzuwachs verursacht eine Senkung des monatlichen Grundpreises von 15,-- DM auf 10,-- DM. Bei den Merkmalen „Preis pro kWh" und „Preis pro kWh in der Nebenzeit" sind die geringen Rückgänge der Präferenzwerte von 28 Pf. auf 25 Pf. bzw. 16 Pf. auf 17 Pf. auffällig. Die Vertragsbindung und die Zusatzdienstleistungen sind für diese Zielgruppe nebensächlich.

Entwicklung neuer Stromprodukte mit Hilfe der Conjointanalyse 133

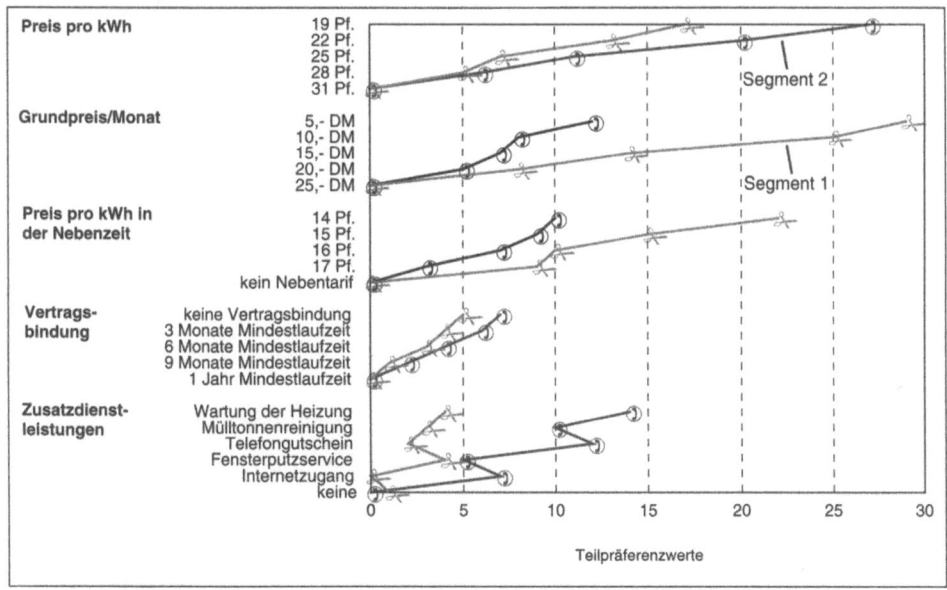

Abbildung 19: Segmentspezifische Teilpräferenzwerte der Conjointanalyse

Für das Segment 2 ist der Preis pro kWh mit Abstand das wichtigste Merkmal. Aber auch die Zusatzdienstleistungen haben für diese Kundengruppe eine hohe Bedeutung. Weniger wichtig sind der Grundpreis pro Monat und der Preis pro kWh in der Nebenzeit. Die relativen Wichtigkeiten der verschiedenen Merkmale für die beiden Segmente sind in der Abbildung 20 dargestellt.

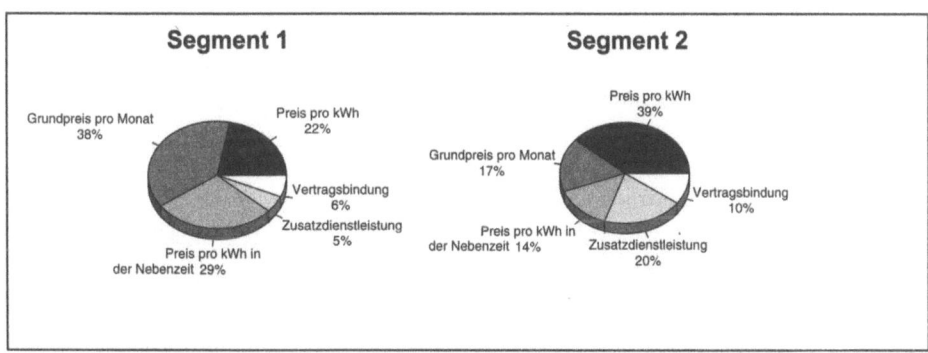

Abbildung 20: Relative Wichtigkeit (Sensitivität) der Merkmale aus Sicht der beiden Segmente

Für die gezielte Ansprache der identifizierten Segmente werden Informationen über deren Soziodemographie, Psychographie und Kaufverhalten benötigt. So konnte beispielsweise ermittelt werden, daß das Segment 1 eher aus Singles, Paaren und kleinen Familien unter 40 Jahren besteht, die einen niedrigen Stromverbrauch aufweisen und vielen Aktivitäten zu Hause nachgehen. Das Segment 2 besteht überwiegend aus Eigenheimbesitzern und Mietern bzw. Besitzern größerer Wohnungen im Alter von mehr als 40 Jahren, zum Teil mit mehreren Kindern. Diese Konsumentengruppe zeichnet sich darüber hinaus durch den Besitz vieler Elektrogeräte aus und weist deshalb einen relativ hohen Stromverbrauch auf.

3. Aufgaben

(1) Fassen Sie die wichtigsten Informationen der Situationsanalyse stichwortartig zusammen, und leiten Sie aus diesen Informationen relevante Chancen und Risiken für die swb Enordia GmbH ab!

(2) Entwickeln Sie auf der Grundlage der vorliegenden Informationen zwei bis drei erfolgversprechende neue Stromprodukte für den Privatkundenmarkt. Begründen Sie Ihre Entscheidung!

(3) Fertigen Sie für die neuen Produkte aussagekräftige Produkt- und Zielgruppenbeschreibungen an! Gehen Sie in diesem Zusammenhang auf folgende Aspekte ein: verbale Positionierung, Kern- und Zusatzleistungen, Preismodell, Vertragsgestaltung, Kundennutzen und Zielgruppe!

(4) Entwickeln Sie eine Copy-Strategie als Vorgabe für die kreative Gestaltung der Werbung durch die Werbeagentur der swb Enordia GmbH, welche Werbeanzeigen und Direkt-Mailings für die neuen Produkte entwerfen soll!

4. Marketingtheoretische Einordnung der Fallstudie

4.1. Begriff und wesentliche Merkmale der Produktentwicklung

Unter Produktentwicklung versteht man die Festlegung der physikalischen und funktionalen, der ästhetischen und der symbolischen Eigenschaften sowie der enthaltenen Zusatzleistungen wie Beratung und Kundendienst. Bei der Entwicklung von Stromprodukten sind die physikalischen Eigenschaften (230 Volt Spannung und 50 Hertz Frequenz) einheitlich festgelegt. Ästhetische Eigenschaften können bei Stromprodukten lediglich im Rahmen der Kommunikationspolitik symbolisch dem Produkt zugeordnet werden. Realisiert wurde diese Möglichkeit der künstlichen Differenzierung z.B. durch die Yello Strom GmbH mit der Aussage „Strom ist gelb". Die Entwicklung neuer Stromprodukte konzentriert sich folglich auf die Preis- und Vertragsgestaltung sowie auf die mit der Kernleistung verbundenen Zusatzleistungen.

4.2. Produktentwicklungsprozeß

Es empfiehlt sich bei der Produktentwicklung ein schrittweises Vorgehen von der Situationsanalyse bis hin zur Kontrolle des am Markt eingeführten Produktes. Abbildung 21 zeigt schematisch, wie ein derartiger Prozess idealtypisch abläuft. Wichtig dabei ist, daß sämtliche Teilschritte des Prozesses einmal durchlaufen werden, um alle Einflußfaktoren bei der Entwicklung zu berücksichtigen. Einige Schritte können je nach Umfang der Neuentwicklung oder dem Informationsstand gegebenenfalls schneller bzw. verkürzt durchlaufen werden, andere benötigen unter Umständen einen längeren Zeitraum.

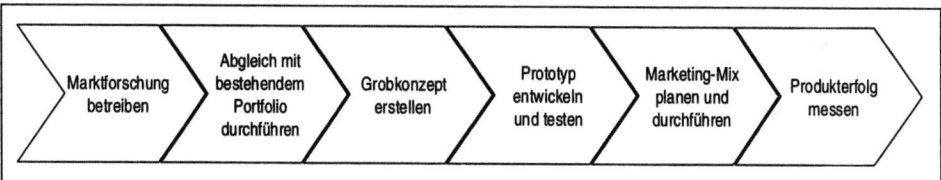

Abbildung 21: Schema eines idealtypischen Produktentwicklungsprozesses

Bezüglich der Aufgabenstellung der vorliegenden Fallstudie gilt es, aus den verfügbaren Informationen Produktideen abzuleiten und diese Ideen zu Grobkonzepten mit ersten Ansätzen für die spätere Vermarktung weiterzuentwickeln.

Insbesondere bei Produkten bzw. Dienstleistungen, die sich nicht durch eine besondere physikalisch-chemische Zusammensetzung auszeichnen, ist es wichtig, die Eigenschaften des Produktes bzw. der Dienstleistung genau zu beschreiben. Anhand dieser Beschreibung können die nachgelagerten Entscheidungen wie das Festlegen der kommunikations- und distributionspolitischen Maßnahmen getroffen werden. Für eine detaillierte Beschreibung von Stromprodukten sind folgende Aspekte relevant: Produktname, Positionierung, Kernleistungen (z.B. Lieferung von Strom), Zusatzleistungen (z.B. eine Stromausfallversicherung), Preis und Preisbestandteile, Rabatte und Rabattstaffeln sowie vertragliche Regelungen wie Laufzeit, Kündigungsfristen und -modalitäten.

Die Abnehmer auf dem relevanten Absatzmarkt unterscheiden sich in der Regel hinsichtlich ihrer Bedürfnisse bzw. Nutzenerwartungen. Daher ist es notwendig, die potentiellen Kunden im Hinblick auf Gruppen mit identischen oder ähnlichen Bedürfnisstrukturen zu untersuchen und diese Segmente abzugrenzen. Dieses Vorgehen bezeichnet man als Marktsegmentierung, die anhand verschiedener Kriterien vorgenommen werden kann. Vielfach kommen soziodemographische Kriterien wie Geschlecht, Alter, Familienstand, Ausbildung, Einkommen usw. zum Einsatz. Da diese Kriterien für die Erklärung unterschiedlicher Bedürfnisstrukturen bisweilen nicht ausreichen, empfiehlt es sich, zusätzlich psychographische Kriterien wie allgemeine Persönlichkeitsmerkmale, Lebensstile bzw. Einstellungen zu gesellschaftlichen Themen aus Politik, Wirtschaft, Familie usw. zu berücksichtigen.

Ein vielversprechender Ansatz ist die Marktsegmentierung anhand von Präferenzen für einzelne Produkteigenschaften, die auch als Benefit-Segmentierung bezeichnet wird und auf *Haley* (1968) zurückgeht. Ausgangspunkt ist die mittlerweile empirisch vielfach belegte Annahme, daß nicht bestimmte Eigenschaften einer Person sondern individuelle Präferenzen dieser Person für einzelne nutzenstiftende Produktmerkmale und deren Ausprägungen über den Kauf oder Nicht-Kauf eines Produktes entscheiden. Das Verfahren, welches am häufigsten zum Einsatz kommt, um unterschiedliche Präferenzstrukturen aktueller oder potentieller Kunden aufzudecken, ist die Conjointanalyse.

4.3. Einsatz der Conjointanalyse im Produktentwicklungsprozeß zur Überprüfung der Präferenzwirkung innovativer Produktkonzepte

Im Rahmen des Produktentwicklungsprozesses kommt der Entwicklung von Produktkonzepten eine wichtige Aufgabe zu. Dabei wird die Produktidee auf der Basis konsumentenorientierter und konkurrenzbezogener Informationen unter Berücksichtigung der angestrebten Zielgruppe überprüft. Das heute in der Marktforschungspraxis zweifellos wichtigste Verfahren zur Überprüfung der Präferenzwirkung von Produktkonzepten ist die Conjointanalyse.

Unter dem Begriff der Conjointanalyse werden verschiedene multivariate Untersuchungsansätze verstanden, mittels derer der Zusammenhang zwischen der Gesamtbeurteilung von Objekten und den sie definierenden Merkmalen bestimmt werden soll (vgl. *Schubert* 1995 S. 376ff.) Zu diesem Zweck beurteilen die Abnehmer ihnen präsentierte Gesamtkonzepte. Auf der Grundlage dieser Urteile wird die Präferenzwirkung der einzelnen Produktmerkmale und deren Ausprägungen geschätzt. Beim Einsatz der „Choice Based"-Conjointanalyse erhalten die Befragten dagegen die vergleichsweise einfache und realitätsnahe Aufgabe anzugeben, welches Produktkonzept sie in einer konkreten Auswahlentscheidung bevorzugen (vgl. *Scharf et al.*, 1997, S. 24-28). Die folgenden, aus Marketingsicht relevanten Fragen lassen sich im Zusammenhang mit der Entwicklung eines neuen Stromproduktes mittels Conjointanalyse beantworten:

- Welche Produktmerkmale eines neuen Stromproduktes beeinflussen die Präferenz, und wie wichtig ist jedes Merkmal für die Präferenzbildung der Stromkunden?

- Hinsichtlich welcher Produktmerkmale bzw. Merkmalsausprägungen gehen die Stromkunden Kompromisse ein?
- Welche Kombinationen von Merkmalsausprägungen werden von den Stromkunden besonders präferiert?
- Weisen die Stromkunden unterschiedliche Bedürfnisse bzw. Nutzenerwartungen auf, so daß Kunden mit homogenen Präferenzstrukturen zu Segmenten zusammengefaßt werden können (Benefit-Segmentierung)?

4.4. Entwicklung einer Copy-Strategie

Mittels Copy-Strategie wird die inhaltliche Grundkonzeption einer geplanten Werbemaßnahme festgelegt (vgl. *Scharf/Schubert*, 1997, S. 229ff.). Sie bildet somit den mittel- bis langfristig definierten Rahmen für den Werbeauftritt eines Unternehmens und dessen Produkten oder Dienstleistungen. Zentrale Elemente einer Copy-Strategie sind Angaben zum Produktnutzen („consumer benefit"), zur Begründung des Produktversprechens („reason why") und zum sogenannten Grundton der Werbung („tonality").

(1) „Consumer benefit": Eine wichtige Funktion der Werbebotschaft besteht darin, den Produktnutzen in Form eines Produktversprechens glaubhaft zu kommunizieren. Zusätzlich ist es heute bei vielen Produkten erforderlich, den Nutzen mit einem emotionalen Erlebniswert zu verknüpfen. Erst dadurch kann vielfach eine zielgruppenspezifische Abhebung gegenüber der Konkurrenz erreicht werden. Jedes Produktversprechen ist zunächst eine Behauptung über die Vorteile des Produktes.

(2) „Reason why": Eine glaubhafte und überzeugende Werbung muß diese Behauptung begründen bzw. beweisen. Die Begründung des Produktversprechens wird in der Regel über die Angabe von objektiven Produkteigenschaften bzw. von für den Kunden nachvollziehbaren Eigenschaften des Anbieters erreicht. Eingesetzt werden dafür auch häufig zufriedene Verwender, Meinungsführer oder bekannte Persönlichkeiten, deren in der Werbung dargestellte positive Produktbeurteilung allein schon für eine Begründung des Produktnutzens ausreicht.

(3) „Tonality": Mit der Festlegung des Grundtons der Werbung wird der Spielraum für die kreative Umsetzung der Werbebotschaft wesentlich eingeengt. Die Tonality wird auch als „atmosphärische Verpackung" bezeichnet, in der zum Ausdruck kommt, wie die Werbebotschaft präsentiert werden soll. Der gewählte Grundton der Werbung ist in engem Zusammenhang mit den Imagezielen des Unternehmens und den zu bewerbenden Produkten zu sehen. Die Tonality soll die Beziehung zwischen Konsument und Produkt herstellen und muß dement-

sprechend auf das Produkt und die Zielgruppe genau abgestimmt werden. Die Beschreibung der Tonality erfolgt typischerweise durch Adjektive wie jugendlich, rustikal, traditionell, modern, seriös, natürlich, vertrauenswürdig, informativ, persönlich, innovativ, sportlich etc.

4.5. Weiterführende Literatur

Haley, R.J. (1968): Benefit segmentation: A decision-oriented tool; in: Journal of Marketing, Vol. 32, No. 3, S. 30-35.

Scharf, A./Schubert, B. (1997): Marketing. Eine Einführung in Theorie und Praxis, 2. Auflage, Stuttgart.

Scharf, A./Schubert, B./Volkmer, H.-P. (1997): Konzepttests mittels bildgestützter „Choice Based"-Conjointanalyse; in: planung & analyse, Nr. 5, S. 24-28).

Schubert, B. (1995): Conjoint-Analyse; in Tietz, B./ Köhler, R./Zentes, J. (Hrsg): Handwörterbuch des Marketing, Stuttgart, S. 376-389.

5. Die tatsächliche Entwicklung

Ziel der Produktentwicklung und der anschließenden Werbemaßnahme war die Verteidigung der Stammkunden im „alten" Versorgungsgebiet gegen die aggressiven Preisangebote der neuen Wettbewerber. Um aber trotz der extrem niedrigen Preise der Konkurrenzangebote - die Preise lagen zum Teil weit unter den variablen Kosten - eine Chance bei den wechselbereiten Kunden zu wahren, mußten die Produkte einen einzigartigen Wettbewerbsvorteil bieten.

Außer den wenigen sekundärstatistischen Daten waren zunächst keine weiteren Informationen darüber verfügbar, welchen Wert die Privatkunden den zusätzlichen nutzenstiftenden Eigenschaften im Vergleich zum Preis beimessen und welche Preissysteme (z.B. flexibler Tarif) sie akzeptieren würden. Deshalb wurden für die Entwicklung neuer Stromprodukte vor allem die Ergebnisse der von der swb Enordia GmbH in Auftrag gegebenen Conjointanalyse herangezogen.

Aufgrund der veränderten Marktlage wurde das bisher angebotene Produkt „EnordiaStrom basis" mit 28,4 Pf./kWh deutlich günstiger angeboten (bisher: 31,2 Pf./kWh). Auf der Grundlage der Ergebnisse aus der Conjointanalyse entwickelten die Produktmanager der swb Enordia GmbH schließlich zwei neue Stromprodukte: „EnordiaStrom freizeit" und „EnordiaStrom comfort", die in den Abbildungen 22 und 23 beschrieben werden.

Anbieter/Produkt:	swb Enordia GmbH/EnordiaStrom freizeit
Positionierung:	„Für Sie da, wenn Sie da sind: EnordiaStrom freizeit"
Kernleistungen:	Lieferung von Elektrizität
Zusatzleistungen:	Keine
Preis:	10,-- DM Grundpreis pro Monat und
	28 Pf pro Kilowattstunde in der Hauptzeit
	17 Pf pro Kilowattstunde in der Nebenzeit
	Hauptzeit: Mo. - Fr. 6-22 Uhr
	Nebenzeit: Mo. - Fr. 22-6 Uhr sowie Samstag und Sonntag
Rabatte:	Keine
Vertragsbestandteile:	Ein Jahr Vertragslaufzeit, Kündigung einen Monat vor Vertragsende, automatische Verlängerung um jeweils 6 weitere Monate
Kundennutzen:	Günstiger Strom am Wochenende und in der Woche von 22-6 Uhr; die Rechnung läßt sich durch die Kunden selbst leicht beeinflussen, indem sie z.B. das Wäschewaschen in die Nebenzeit verlegen
Zielgruppe:	Paare und Familien, die viele Aktivitäten zu Hause und am Wochenende planen und durchführen

Abbildung 22: Produkt- und Zielgruppenbeschreibung "EnordiaStrom freizeit"

Zu Beginn der Marktöffnung waren den Privatpersonen die Möglichkeiten des liberalisierten Strommarktes kaum bekannt. Strom gehörte zu den Dingen des täglichen Bedarfs. Er steht ständig zur Verfügung und stellt den gewohnten Lebensstandard sicher. Niemand machte sich über die Wahl eines Stromanbieters oder eines bestimmten Stromproduktes Gedanken. Es gab den örtlichen Stromversorger und der lieferte den Strom.

Durch die aggressiven Werbemaßnahmen der bundesweit agierenden Anbieter wurden viele Kunden verunsichert. „Soll ich jetzt schon wechseln, wenn die Preise ja vielleicht noch weiter fallen? Wer ist denn im Moment der günstigste Anbieter? Wie funktioniert das überhaupt mit dem Wechseln? Stehe ich am Ende ganz ohne Strom da?" Das sind nur einige der Fragen, die zu Beginn der Marktöffnung häufig gestellt wurden.

Anbieter/Produkt:	swb Enordia GmbH/EnordiaStrom comfort
Positionierung:	Das komplette Full-Service-Produkt für den ambitionierten Stromkunden
Kernleistungen:	Lieferung von Elektrizität
Zusatzleistungen:	Wartungsschutzbrief für die Heizung
	Telefongutschein
	Mülltonnenreinigung
Preis:	25,-- DM Grundpreis pro Monat und
	21 Pf pro Kilowattstunde
Rabatte:	Keine
Vertragsbestandteile:	Ein Jahr Vertragslaufzeit, Kündigung einen Monat vor Vertragende, automatische Verlängerung um jeweils 6 weitere Monate
Kundennutzen:	Attraktive Dienstleistungen bereits inklusive
Zielgruppe:	Kunden mit einem Stromverbrauch von über 6.000 kWh pro Jahr, Einfamilienhausbesitzer oder Mieter mit vielen Haushaltsgeräten

Abbildung 23: Produkt- und Zielgruppenbeschreibung "EnordiaStrom comfort"

Vor diesem Hintergrund bestand das Ziel der Werbekampagne der swb Enordia GmbH für die Vermarktung ihrer neuen Stromprodukte vor allem darin, den Kunden Sicherheit und Orientierung zu geben. Die Werbebotschaft der swb Enordia GmbH, die an die Privatkunden gerichtet wurde, lautete: „Schön, daß man sich wenigstens übers Thema Strom keine Gedanken machen muß; swb Enordia: Wir machen's Ihnen leicht." Selbst die alltäglichen Dinge des Lebens sind wichtiger als das Thema Strom, denn dafür sorgt ja bereits die swb Enordia GmbH. Bezogen auf die Copystrategie besteht das kommunizierte Produktversprechen („consumer benefit") darin, daß ein Wechsel zu einem der anderen Stromanbieter überhaupt nicht notwendig ist. Als Begründung des Produktversprechens („reason why") wird angeführt, daß die Kunden die swb Enordia GmbH seit langem kennen und dieses kompetente Energiedienstleistungsunternehmen über die Bedürfnisse seiner Kunden vor Ort genau informiert ist und deshalb Stromprodukte entwickelt hat, bei denen die Kunden auf intelligente Weise sparen und sich das Leben erleichtern können. Wie die Abbildung 24 beispielhaft veranschaulicht, werden in der Printwerbung Menschen gezeigt, die den typischen privaten Stromkunden repräsentieren sollen und gerade mit harmlosen Alltagsproblemen beschäftigt sind („tonality").

Entwicklung neuer Stromprodukte mit Hilfe der Conjointanalyse 141

Abbildung 24: Printwerbung für die neuen Stromprodukte der swb Enordia GmbH im Herbst 1999

Neben den Anzeigen in der regionalen Tagespresse wurden Direkt-Mailings an gefährdete Kunden geschickt. Die Klassifizierung erfolgte anhand verschiedener Merkmale wie Verbrauchsstruktur, Wohnsituation und Wechselbereitschaft. Das nachfolgend in der Abbildung 25 dargestellte Leporello diente dabei als Produktbeschreibung. Es lobt die besonderen Service-Leistungen des Unternehmens aus, stellt die wichtigsten Produkteigenschaften in Form von Übersichtstabellen dar und verweist auf die zentralen Vorteile des Produktes sowie auf die mit dem Produkt gegebenenfalls verbundenen Zusatzleistungen.

Die Einführung der beiden neuen Produkte „EnordiaStrom freizeit" und „EnordiaStrom comfort" war insgesamt erfolgreich, da sie entscheidend dazu beitragen konnten, einen Wechsel der Stammkunden zu anderen Stromanbietern in der ersten Liberalisierungsphase zu verhindern. Weniger als 0,5 Prozent der angestammten Kunden wechselten zu anderen Anbietern. Deutlich mehr Kunden entschieden sich für die neuen Produkte der swb Enordia GmbH.

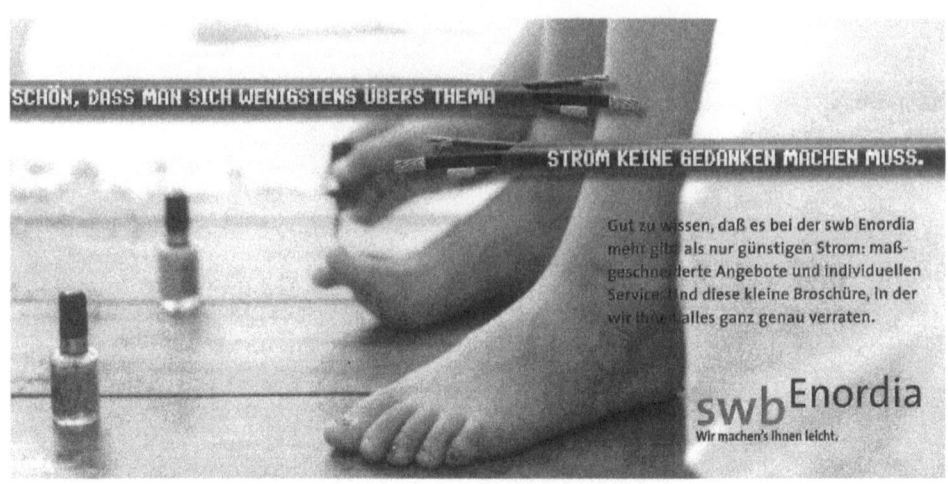

⟩	Bei der swb Enordia bekommen Sie individuellen Service und umfassende Beratung rund um Strom. Beispiele gefällig? Bitte sehr:
①	Strom-Check – damit Sie genau wissen, wieviel Energie Ihr Haushalt verbraucht.
②	Strommeßgeräte-Verleih – damit Sie Ihren Haushaltsgeräten selbst auf den Zahn fühlen können.
③	Bestenlisten – damit Sie wissen, welche Haushaltsgeräte am wenigsten verbrauchen.
④	Persönliche Beratung: Im Kundencenter Am Wall/Ecke Sögestraße, Mo.–Fr. von 9.00–18.00 Uhr.
⑤	Falls Sie lieber Ökostrom als herkömmlichen beziehen möchten, kein Problem – mit unserem Enordia-Strom pro Natur, zu 100 Prozent aus regenerativen Energiequellen. Mehr Infos unter 0421/359 3000.

Entwicklung neuer Stromprodukte mit Hilfe der Conjointanalyse

VON HAUS AUS GÜNSTIG:

ENORDIASTROM BASIS.

> EnordiaStrom basis ist der Strom, den Sie seit Jahren kennen. Was Sie noch nicht kennen, ist der neue Preis: 28,4 Pfennig/kWh statt 31,2 Pfennig/kWh. Zusammen mit dem extragünstigen Grundpreis spart so eine vierköpfige Familie über 100 Mark im Jahr. Vertragliche Bindungsfrist? Gibt's nicht.

EnordiaStrom basis (Allgemeiner Tarif)

Anbieter		swb Enordia	
Produkt		EnordiaStrom basis	
Festpreis		DM/Monat	5,20
Verbrauchspreis		Pf/kWh	28,4
Kosten pro Jahr			
Kilowattstunden pro Jahr	1.500	DM	488
Kilowattstunden pro Jahr	2.500	DM	772
Kilowattstunden pro Jahr	4.000	DM	1.198
Kilowattstunden pro Jahr	6.000	DM	1.766

FÜR SIE DA, WENN SIE DA SIND:

ENORDIASTROM FREIZEIT.

> Unser extragünstiges Angebot, wenn Sie mehr als 2.500 Kilowattstunden Strom im Jahr verbrauchen: Mit dem EnordiaStrom freizeit bekommen Sie am Wochenende Strom rund um die Uhr für 17 Pf/kWh – in der Woche von 22.00 bis 6.00 Uhr. Ein vierköpfiger Haushalt mit 6.000 kWh spart damit 230 Mark im Jahr. Und die Kosten für die Auswechselung Ihres Zählers tragen wir! Außerdem können Sie Ihre Rechnung leicht beeinflussen. Zum Beispiel, indem Sie das Wäschewaschen in die Nebenzeit verlegen.

EnordiaStrom freizeit

Anbieter		swb Enordia	
Produkt		EnordiaStrom freizeit	
Festpreis		DM/Monat	10,00
Verbrauchspreis	Hauptzeit/Nebenzeit	Pf/kWh	28,0/17,0
Kosten pro Jahr	(bei 40% Verbrauch in der Nebenzeit)		
Kilowattstunden pro Jahr	2.500	DM	710
Kilowattstunden pro Jahr	4.000	DM	1.064
Kilowattstunden pro Jahr	6.000	DM	1.536
Vertragslaufzeit	1 Jahr		

ZUGABE GEFÄLLIG?

ENORDIASTROM COMFORT.

> EnordiaStrom comfort ist die ideale Lösung, wenn Sie überdurchschnittlich viel Strom (über 6.000 kWh pro Jahr) verbrauchen. Mit durchgehend günstigem Strompreis und einem monatlichen Festpreis, der Ihnen eine unserer tollen Zusatzleistungen sichert. Wir haben die Extras. Sie haben die Wahl.

EnordiaStrom comfort

Anbieter		swb Enordia	
Produkt		EnordiaStrom comfort	
Festpreis		DM/Monat	25,00*
Verbrauchspreis		Pf/kWh	21,0
Kosten pro Jahr			
Kilowattstunden pro Jahr	6.000	DM	1.560
Kilowattstunden pro Jahr	8.000	DM	1.980
Kilowattstunden pro Jahr	10.000	DM	2.400
Vertragslaufzeit 1 Jahr			

*Monatlicher Festpreis ohne Zusatzleistung DM 20,00

① Enordia Strom comfort + ThermoKomfort Wartungsschutzbrief

Wenn Sie diese Zusatzleistung wählen, erhalten Sie für Ihre Gasheizungsanlage (im 1- oder 2-Familien-Haus) den ThermoKomfort Wartungsschutzbrief mit 24-Stunden-Service und jährlicher Wartung. Und brauchen Sie am Wochenende oder nachts mal Hilfe, sparen Sie die sonst üblichen Zuschläge. Die Leistungen im Detail: 24-Stunden-Service, 1x jährliche Wartung, Überstunden-, Nacht-, Sonn- und Feiertagszuschläge sowie Kosten für Ersatzteilbeschaffung. Jedoch im Störungsfall ohne Ersatzteile und Lohnkosten sowie An- und Abfahrtspauschale (gem. gültiger W&S-Preisliste).

Leistungsumfang der Wartung*:
Reinigung der Brenner sowie der Heiz- und Abgaswege; Überprüfung der Dichtheit der eingebauten Armaturen und der Zünd-, Sicherheits- und Regelungseinrichtungen; Einstellung der richtigen Wärmebelastung; Überprüfung der Abgasführung und der Verbrennungsluftversorgung; Funktionsprüfung des Heizgerätes.

Leistungsumfang bei Störungsbeseitigung*:
Entstörung von Heizgerät, Heizwasserpumpen sowie Steuer- und Regeleinrichtungen; Behebung von Funktionsstörungen, die vor Ort ausgeführt werden können; Lieferung und Einbau von Ersatzteilen, soweit sie zur Behebung von Störungen erforderlich und geeignet sind.

*Auszug aus dem ThermoKomfort Wartungsschutzbrief der GfV Gesellschaft für Versorgungsdienstleistungen GmbH.

② EnordiaStrom comfort + günstiges Telefonieren

Wenn Sie diese attraktive Zusatzleistung wählen, können Sie zu vergünstigten Konditionen telefonieren. In Partnerschaft mit der nordCom macht Ihnen die swb Enordia nämlich folgendes Angebot: Als Enordia-Strom comfort Kunde erhalten Sie einen Telefongutschein, mit dem sich Ihre durch einen Telefonanschluß bei der nordCom enstehenden Kosten jedes Jahr um 120 Mark verringern. Und wenn Sie noch keinen Teilnehmeranschluß bei der nordCom haben, gibt's von der swb Enordia ein weiteres Extra für Sie: Die Anschlußgebühr von 50 Mark wird erst fällig, falls Sie Ihren Vertrag mit der nordCom nach dem ersten Jahr nicht verlängern. Hier die Leistungen im Überblick:

Telefonanschluß

Analog-Anschluß	Anschlußpreis pro Monat	DM 24,00*
ISDN-Anschluß	Anschlußpreis pro Monat	DM 40,00*

*Abzüglich DM 10,00 für EnordiaStrom comfort Kunden.

Gesprächspreise** – national

Preise/Min.** Sekundengenaue Abrechnung	Tageszeit 6.00–18.00 Uhr	Freizeit 18.00–6.00, Sa./So., Feiertage
nordCom – nordCom	DM 0,04	DM 0,03
Binnen (City bis 50 km)	DM 0,06	DM 0,05
Buten (Fern)	DM 0,12	DM 0,07

**Minutenpreis 6 Pf pro Gespräch, Preise i. Preisliste nordCom Stand 01.10.1999

Telefonanschluß inkl. Internet

Analog-Anschluß	Anschlußpreis pro Monat (inkl. 5 Stunden Einwahl- und Online-Gebühren)	DM 33,33*
	Online-Kosten danach	Pf/Min. 3,5 inkl. Telefonkosten
	Gesprächspreise	Laut Preisliste der nordCom (s. Links)
ISDN-Anschluß	Anschlußpreis pro Monat (inkl. 10 Stunden Einwahl- und Online-Gebühren)	DM 55,55*
	Online-Kosten danach	Pf/Min. 3,5 inkl. Telefonkosten
	Gesprächspreise	Laut Preisliste der nordCom (s. Links)

③ EnordiaStrom comfort + Oskar-Reinigungsservice

Saubere Sache: Wir reinigen jeden Monat Ihre Abfalltonne. Sie entscheiden, welche – Restmüll- oder Biotonne. Diese Zusatzleistung bieten wir Ihnen in Partnerschaft mit der ENO Entsorgung Nord GmbH.

④ EnordiaStrom comfort ohne Zusatzleistung

Falls Sie als EnordiaStrom comfort Kunde keine Zusatzleistungen genießen möchten, ist das selbstverständlich auch möglich. Ihr monatlicher Festpreis beträgt dann 20 Mark.

UNSERE INFO-HOTLINE: 04 21/359 3000.

Abbildung 25: Direkt-Mailing für die neuen Stromprodukte der swb Enordia GmbH im Herbst 1999

Rolf Weiber (Hrsg.)
Handbuch Electronic Business
Technologien – Märkte – Unternehmensprozesse

2000, ca. 800 Seiten, Geb. mit Schutzumschlag, ca. DM 198,–
ISBN 3-409-11636-2

Die rasante Entwicklung der Informations- und Kommunikationstechnologien führt zu einer weitreichenden Veränderung der Markt- und Unternehmensprozesse. Der Begriff des Electronic Business steht dabei für die Transformation der Markt- und Unternehmensaktivitäten in die Welt der elektronischen Netze. Doch, obwohl der Begriff Electronic Business als auch seine verschiedenen Facetten in der aktuellen Diskussion ganz oben stehen, fehlt bisher ein umfassendes Grundlagenwerk zu dieser Thematik.

Das Handbuch Electronic Business schließt diese Lücke. In über 30 Beiträgen werden zentrale Themengebiete und Problemstellungen des E-Business analysiert, strukturiert und erläutert. Dabei werden sowohl die aktuellen Erkenntnisse der Forschung und Entwicklung aufgezeigt als auch konkrete Hinweise für die Praxis gegeben.

Der Inhalt
– Grundlagen des Electronic Business
– Marktanalyse im Electronic Business
– Unternehmensprozesse im Electronic Business
– Marktauftritte im Electronic Business
– Spezialthemen des Electronic Business
– Electronic Business in der Unternehmenspraxis
  – Informationsmanagement im Electronic Business aus Sicht der CIOs
  – Innovative Geschäftsmodelle des Electronic Business

Die Zielgruppen
Studierende und Dozenten der Betriebswirtschaftslehre und Wirtschaftsinformatik; Führungskräfte, die im Bereich Electronic Business, Electronic Commerce und Informationsmanagement tätig sind, oder sich in Zukunft mit ihm beschäftigen werden.

Der Herausgeber
Prof. Dr. Rolf Weiber war von 1987 bis 1990 Systemberater bei der IBM Deutschland und ist seit 1992 Inhaber des Lehrstuhls für Marketing an der Universität Trier.

Betriebswirtschaftlicher Verlag Dr. Th. Gabler GmbH, Abraham-Lincoln-Str. 46, 65189 Wiesbaden

Fachinformation auf Mausklick

Das Internet-Angebot der Verlage **Gabler, Vieweg, Westdeutscher Verlag, B. G. Teubner** sowie des **Deutschen Universitätsverlages** bietet frei zugängliche Informationen über Bücher, Zeitschriften, Neue Medien und die Seminare der Verlage. Die Produkte sind über einen Online-Shop recherchier- und bestellbar.

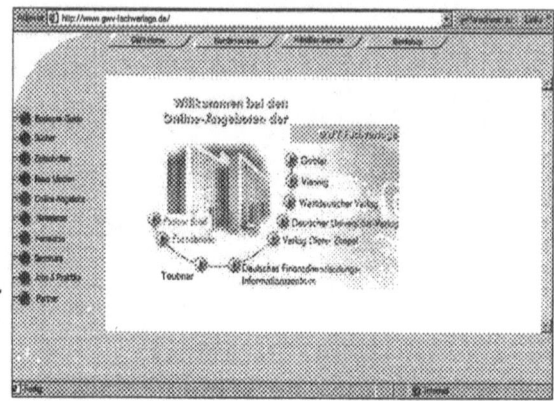

Für ausgewählte Produkte werden Demoversionen zum Download, Leseproben, weitere Informationsquellen im Internet und Rezensionen bereitgestellt. So ist zum Beispiel eine Online-Variante des Gabler Wirtschafts-Lexikon mit über 500 Stichworten voll recherchierbar auf der Homepage integriert.

Über die Homepage finden Sie auch den Einstieg in die Online-Angebote der Verlagsgruppe, so etwa zum Business-Guide, der die Informationsangebote der Gabler-Wirtschaftspresse unter einem Dach vereint, oder zu den Börsen- und Wirtschaftsinfos des Platow Briefes und der Fuchsbriefe.

Selbstverständlich bietet die Homepage dem Nutzer auch die Möglichkeit mit den Mitarbeitern in den Verlagen via E-Mail zu kommunizieren. In unterschiedlichen Foren ist darüber hinaus die Möglichkeit gegeben, sich mit einer „community of interest" online auszutauschen.

... wir freuen uns auf Ihren Besuch!

www.gabler.de
www.vieweg.de
www.westdeutschervlg.de
www.teubner.de
www.duv.de

Abraham-Lincoln-Str. 46
65189 Wiesbaden
Fax: 06 11.78 78-400

If you have any concerns about our products,
you can contact us on
ProductSafety@springernature.com

In case Publisher is established outside the EU,
the EU authorized representative is:
**Springer Nature Customer Service Center GmbH
Europaplatz 3, 69115 Heidelberg, Germany**

Printed by Libri Plureos GmbH
in Hamburg, Germany